Healthy Kitchen®

Recettes saines et gourmandes

Pour changer le quotidien

MARABOUT

WW Healthy Kitchen®

Recettes saines et gourmandes

Pour changer le quotidien

MARABOUT

Sommaire

10 H00

Soupe provençale

opt

pour 4 personnes   prêt en 15 min   cuisson 10 min

200 g de courgettes
1 aubergine
1 poivron rouge
1 poivron jaune
200 g de tomates ou 1 petite boîte de tomates pelées
4 échalotes
2 oignons
4 gousses d'ail
1 branche de thym
3 feuilles de laurier
1 bouquet de basilic
Sel, poivre

1. Laver et épépiner les légumes, les couper en cubes sans les peler. Éplucher et couper en morceaux les échalotes, les oignons et l'ail.

2. Mettre tous les ingrédients (sauf le basilic) dans un grand autocuiseur, recouvrir d'eau ; saler et poivrer. Cuire 10 min sous pression.

3. Ôter le thym et le laurier. Mixer le tout en y ajoutant les feuilles de basilic. Vérifier l'assaisonnement avant de servir.

Velouté de courgettes et brochettes de ravioles

pour 4 personnes **prêt en 15 min** **cuisson 20 min**

800 g de courgettes
1 bouquet de persil
4 tomates cerise
1 plaque de ravioles du Dauphiné (60 g)
1 cc de beurre doux
Sel et poivre

1. Couper les courgettes en cubes réguliers, en gardant la peau. Déposer dans une cocotte, ajouter de l'eau à mi-hauteur. Laver le persil, prélever les feuilles et les ajouter aux courgettes. Saler, poivrer, fermer la cocotte et cuire à feu moyen pendant 20 min. Laver les tomates cerise et les couper en 2, réserver.

2. À la fin de la cuisson, prélever les courgettes et le persil avec une écumoire, déposer dans le bol d'un mixeur, ajouter un peu d'eau de cuisson. Mixer pour obtenir un velouté épais. Si besoin, ajouter encore un peu d'eau de cuisson, rectifier l'assaisonnement. Verser dans 4 mini-cocottes. Garder au chaud.

3. Sortir la plaque de ravioles du réfrigérateur au dernier moment. Séparer la plaque en ravioles. Les faire dorer avec le beurre dans une poêle, à feu vif pendant 4 min en les retournant à mi-cuisson.

4. Enfiler les ravioles grillées sur 8 pics en bois en alternant avec ½ tomate cerise. Déposer 2 brochettes sur chaque velouté et servir aussitôt.

pts 2024 = 0 pt

10 H00

Gaspacho de tomates et crevettes grillées au curry

pour 4 personnes prêt en 15 min cuisson 5 min repos 10 min 1 pt

200 g de crevettes cuites décortiquées
2 gousses d'ail
Le jus d'1 citron
1 CS d'huile d'olive
2 cc de curry en poudre
1 concombre
5 tomates mûres
1 oignon blanc
150 ml d'eau
1 cc de vinaigre de xérès
Basilic frais
Sel, poivre

1 Déposer les crevettes avec 1 gousse d'ail hachée, le jus de citron, l'huile d'olive et le curry dans un plat. Mélanger. Couvrir hermétiquement et laisser mariner 10 min au frais.

2 Rincer le concombre et les tomates. Peler le concombre et ôter ses extrémités. Enlever le pédoncule des tomates. Éplucher l'oignon et la gousse d'ail restante. Couper en morceaux les légumes et les déposer dans un blender. Mixer l'ensemble avec l'eau. Ajouter le vinaigre, du sel, du poivre et mixer à nouveau de façon à obtenir une soupe fine. Si besoin, ajouter de l'eau pour obtenir la consistance désirée.

3 Dresser dans des petites verrines, parsemer de basilic frais et garder au frais le temps de faire cuire les crevettes.

4 Faire chauffer une poêle antiadhésive sans ajouter de matière grasse. Piquer 1 crevette par pique en bois et faire griller les brochettes 2 min de chaque côté dans la poêle bien chaude (les crevettes doivent être saisies et ne pas bouillir). Sortir les verrines du réfrigérateur, déposer les brochettes par dessus et servir aussitôt !

Soupe de courge à la pomme et au gingembre

pour 4 personnes **prêt en 10 min** **cuisson 30 min**

1 cc d'huile d'arachide
1 oignon haché
1 pomme pelée et hachée
1 carotte pelée et coupée en rondelles
2 morceaux de gingembre frais râpés
450 g de courge préparée et coupée en cubes
¼ de cc de muscade
1 cc de persil frais haché
Sel, poivre

1. Chauffer l'huile dans une grande casserole et y faire revenir l'oignon, la pomme et la carotte pendant 3 à 4 min. Ajouter le gingembre et bien mélanger.

2. Ajouter la courge et 850 ml d'eau. Porter à ébullition, puis laisser mijoter doucement sans couvercle pendant 20 min ou jusqu'à ce que les légumes soient tendres.

3. Mixer la soupe jusqu'à obtenir une consistance lisse, réchauffer et assaisonner avec de la muscade, 1 pincée de sel et du poivre. Servir, saupoudré de persil haché.

Velours façon endives au jambon

pour 4 personnes prêt en 15 min cuisson 15 min

3 endives
1 échalote
1 cc d'huile d'olive
500 ml d'eau
1 tranche de jambon blanc découenné dégraissé
100 ml de lait écrémé
2 CS de crème à 15 %
1 pointe de couteau de muscade en poudre
Sel, poivre

1 Laver les endives, ôter le cœur puis les émincer finement. Peler et émincer l'échalote. Dans une casserole contenant l'huile d'olive, faire dorer l'échalote et les endives quelques instants. Ajouter l'eau, un peu de sel, du poivre et faire cuire à couvert pendant 15 min à feu modéré.

2 Pendant ce temps, effilocher le jambon et réserver au frais. Lorsque les endives sont cuites, les égoutter et les verser dans le bol d'un mixeur. Ajouter le lait écrémé, la crème et la muscade. Rectifier l'assaisonnement et mixer longuement pour obtenir une texture onctueuse. Si besoin, ajouter un peu d'eau de cuisson et mixer à nouveau. Laisser tiédir.

3 Au moment de servir, répartir le velours d'endives dans 4 verres, ajouter le jambon effiloché par-dessus et un peu de muscade.

Lentilles façon Houmous

0 pts goûter

pour 4 personnes   prêt en 15 min   cuisson 1h10 min   repos 1h

½ poivron rouge
1 échalote
15 g de carotte épluchée et rincée
10 g de céleri-branche rincé
90 g de lentilles vertes crues
500 ml d'eau
1 branche de thym
1 feuille de laurier
100 g de courgette
1 CS de jus de citron
25 g de fromage frais à 0 %
2 CS de persil ciselé
4 pincées de paprika doux
Sel

1 Couper le demi-poivron rouge en deux, retirer les graines et les cloisons. Les placer sous le gril (côté peau vers le haut) pendant 20 à 25 min jusqu'à ce que la peau cloque et noircisse. Les transvaser dans un récipient creux, couvrir hermétiquement de film alimentaire.

2 Éplucher l'échalote. Couper la carotte et le céleri en deux. Versez les lentilles dans une petite casserole, ajouter l'eau froide, la carotte, le céleri, l'échalote, le thym et le laurier, ne pas saler l'eau de cuisson. Faire cuire à feu doux pendant environ 35 min, jusqu'à ce que les lentilles soient tendres.

3 Éplucher la courgette, la couper en dés. Les cuire à l'eau bouillante pendant 10 min. Écraser les dés de courgette dans une passoire à grille fine pour extraire le jus. Éplucher les quartiers de poivron et les couper en petits dés.

4 Égoutter les lentilles au-dessus d'un récipient pour recueillir le jus de cuisson, en réserver 3 cuillerées à soupe. Retirer la carotte, le céleri, l'échalote, le thym et le laurier. Les mixer avec le jus de cuisson réservé, le jus de citron, la courgette écrasée et le fromage frais. Incorporer le persil ciselé.

5 Répartir la préparation dans 4 verrines, ajouter les dés de poivron dessus. Réserver au frais pendant 1 h. Servir saupoudré de paprika, avec des bâtonnets de légumes : carottes, concombre, branche de céleri.

Tartare de pastèque au saumon et aux herbes

pour 4 personnes **prêt en 15 min** **cuisson 10 min** **repos 30 min**

300 g de pastèque sans la peau
200 g de pavé de saumon frais
½ bouquet d'herbes fraîches : ciboulette, basilic, persil, aneth
50 g de fromage frais à 0 %
Le jus d'un ½ citron + 4 rondelles pour la présentation
Sel, poivre

1 Couper la pastèque en petits dés. Les mettre dans un saladier, saler et poivrer. Mélanger et réserver. Pendant ce temps, faire cuire le saumon à la vapeur pendant 10 min. Une fois cuit, l'effeuiller et laisser refroidir.

2 Ciseler les herbes choisies et les mélanger avec le fromage frais. Assaisonner de jus de citron, de sel et de poivre. Ajouter le saumon refroidi et mélanger délicatement.

3 Répartir les dés de pastèque dans des verrines individuelles, surmonter de la crème au saumon. Réserver au frais pendant 30 min. Juste avant de servir, décorer avec un brin d'aneth et une rondelle de citron.

Méli-mélo d'endives au thon

pour 4 personnes   prêt en 10 min   repos 15 min

1 cc de vinaigre (noix, cidre)
2 cc d'huile de noix
½ yaourt brassé nature à 0 %
2 endives blanches
1 petite endive rouge (carmine)
80 g de thon au naturel
200 g de betterave rouge
1 CS de câpres
4 brins de persil plat
Sel, poivre du moulin

1 Dans le saladier, mélanger une pincée de sel avec le vinaigre et l'huile. Ajouter le yaourt et émulsionner à l'aide d'une fourchette. Couper les endives en deux, enlever le cœur blanc amer et émincer les feuilles en chiffonnade. Les mettre dans le saladier avec le thon égoutté et émietté. Mélanger.

2 Peler la betterave, la couper en bâtonnets puis en petits dés. Les incorporer dans la salade. Ajouter les câpres et les feuilles de persil ciselées. Poivrer et remuer délicatement. Réserver 15 min au frais avant de déguster.

Points 2024 = 0 pts

2 pts ~~xxxx~~ SOIR.

Salade de pois chiches, artichauts et tomates

pour 2 personnes prêt en 10 min

100 g de pois chiches cuits
2 fonds d'artichaut
10 tomates cerise
20 g de germes de soja
6 cc de basilic (6 feuilles)
3 cc de ciboulette
Le jus de 1 citron vert
2 cc de moutarde fine de Dijon
1 CS de sauce soja salée
1 pincée de piment en poudre
1 morceau de zeste de citron vert

1 Dans un récipient, mélanger les pois chiches, les fonds d'artichaut, les tomates cerise coupées en deux, les germes de soja, le basilic et la ciboulette ciselés.

2 Préparer une vinaigrette avec le jus de citron, la moutarde, la sauce soja et une petite pincée de piment. La verser sur la salade, bien mélanger puis disposer dans 2 jolies coupes. Sur le dessus, déposer un peu de zeste de citron râpé. Réserver au frais jusqu'au moment de la dégustation.

Salade de lentilles et courgettes au citron vert

pour 6 personnes   prêt en 15 min   cuisson 25 min

350 g de lentilles vertes
500 g de courgettes
1 gros oignon rouge
6 CS de coriandre fraîche ciselée
Le jus de 2 citrons verts
2 cc de moutarde fine de Dijon
1 cc de vinaigre de vin
6 cc d'huile d'olive
3 CS d'eau
Sel, poivre

1. Faire cuire les lentilles en suivant les indications sur le paquet. Les égoutter et les verser dans un saladier. Laver les courgettes. Les couper en 4 dans le sens de la longueur et les détailler en dés. Peler et émincer l'oignon en fines rondelles. Mettre les courgettes et l'oignon dans le saladier puis ajouter la coriandre, le jus de citron, 1 pincée de sel et 1 pincée de poivre. Mélanger délicatement.

2. Dans un bol, mélanger la moutarde avec le vinaigre, 1 pincée de sel et 1 pincée de poivre. Fouetter avec une fourchette, ajouter l'huile d'olive puis l'eau.

3. Présenter la salade dans des verrines ou des coupelles transparentes disposées sur un plateau de service joliment décoré et réserver au frais. Servir la sauce à part.

1 pt par quart

Bouchées de jambon au concombre

pour 4 personnes   prêt en 15 min   repos 30 min

1 morceau de concombre de 20 cm
8 brins de ciboulette
2 tranches de jambon blanc découenné, dégraissé (80 g)
50 g de fromage frais à 0%

1 Peler le morceau de concombre. À l'aide d'un couteau économe, prélever 16 bandes dans le concombre puis, à l'aide d'un couteau, les tailler une à une en fins filaments. Rincer et sécher les tiges de ciboulette, les ajouter aux filaments de concombre et former 2 portions.

2 Déposer une tranche de jambon sur un plan de travail, la tartiner avec la moitié du fromage frais. Déposer une portion de concombre le long du jambon, à 1 cm du bord. Rouler le jambon autour en serrant bien. Réaliser un second rouleau avec le reste des ingrédients.

3 À l'aide d'un couteau bien aiguisé, couper délicatement chaque rouleau de jambon en 6 rondelles d'environ 2,5 cm d'épaisseur. Couper le concombre qui dépasse à l'aide de ciseaux. Disposer les bouchées sur un plat de service. Réserver 30 min au frais avant de servir.

Bouchons de thon

2pts ½ bouchons

pour 10 personnes **prêt en 5 min** **cuisson 20 min**

180 g de thon au naturel (poids net égoutté)
40 g de concentré de tomates
3 œufs
30 g d'oignon émincé
50 g de gruyère râpé allégé
9 CS de crème à 15%
Persil haché
Sel, poivre

1 Préchauffer le four à 180 °C (th. 6). Verser tous les ingrédients dans le bol d'un mixeur puis mixer. Répartir cette préparation dans des moules à mini muffins (20 moules sur une plaque en silicone). Enfourner 20 min.

2 Servir tiède ou froid, accompagné d'une salade ou à l'apéritif en guise de petits fours salés.

Tapas de seiches à la catalane

pour 4 personnes   prêt en 15 min   cuisson 5-6 min

240 g de petites seiches
1 cc de paprika
130 g de fèves fraîches crues
1 gousse d'ail
1 tomate fraîche
Quelques brins de persil
1 cc d'huile d'olive
Le jus de 1 citron
Sel

1 Laver et éponger les petites seiches. Les assaisonner de paprika. Réserver. Écosser les fèves. Éplucher et écraser l'ail. Couper la tomate en petits dés. Ciseler le persil.

2 Chauffer l'huile d'olive dans un wok ou une sauteuse. Dès qu'elle est bien chaude, faire sauter les seiches, les fèves et l'ail en remuant souvent, pendant 5 bonnes min. Une fois le tout bien doré, arroser de jus de citron et ajouter les dés de tomate.

3 Parsemer de persil. Rectifier l'assaisonnement en ajoutant un peu de sel et de paprika. Remuer avec une cuillère en bois pour envelopper les seiches de cette sauce. Servir sans attendre.

Notin

Tartelette pomme & chèvre

4 pts / portion

pour 4 personnes **prêt en 15 min** **cuisson 11 min**

2 pommes (300 g)
1 cs d'eau
90 g de bûche de chèvre
2 cc d'huile de tournesol
2 feuilles de pâte filo de 25 g
1 cc de thym
Poivre du moulin

1 Préchauffer le four à 200 °C (th. 6-7). Peler les pommes, les évider puis les couper en 8 quartiers. Les mettre dans un plat en verre culinaire avec l'eau, couvrir et cuire 3 min au four à micro-ondes (750 W). Les égoutter, les réserver sur un papier absorbant. Détailler la bûche de chèvre en fines rondelles.

2 Étaler les feuilles de pâte filo l'une sur l'autre, badigeonner la face du dessous et celle du dessus d'huile de tournesol, puis couper l'ensemble en 4 rectangles. Les disposer dans 4 moules à tartelette de 12 cm de diamètre. Rabattre les bords. Enfourner 4 min.

3 Garnir les tartelettes des quartiers de pomme et des rondelles de chèvre en les alternant : les recouper éventuellement en deux. Parsemer de thym. Enfourner 3 à 4 min en surveillant la coloration. Pour servir, démouler et poivrer.

Accompagnement

Terrine de chou-fleur sauce roquefort

pour 6 personnes **prêt en 15 min** **cuisson 1h15 min** 2 pts / personne

1 chou-fleur
4 œufs entiers
200 g de fromage blanc à 0 %
1 pincée de muscade en poudre
15 g de fécule de maïs
200 ml de lait écrémé
15 g de roquefort
Sel, poivre

1 Détacher les fleurettes du chou-fleur, les faire cuire dans une cocotte, dans un fond d'eau, pendant 15 min. Les égoutter, les écraser grossièrement à la fourchette et laisser tiédir.

2 Préchauffer le four à 180°C (th. 6). Dans un saladier, battre les œufs entiers avec le fromage blanc, la muscade, du sel et du poivre. Ajouter le chou-fleur, mélanger (rectifier l'assaisonnement si nécessaire), et verser dans un moule à cake antiadhésif type silicone. Faire cuire au four pendant environ 1 h. À la fin de la cuisson, laisser tiédir, passer une lame de couteau tout autour et démouler. Laisser tiédir à nouveau.

3 Dans un bol, mélanger la fécule de maïs avec 3 cuillerées à soupe de lait écrémé et mélanger rapidement. Verser le restant de lait, mettre dans une casserole et faire chauffer doucement à petit feu, sans cesser de mélanger. Lorsque la texture épaissit, ajouter le roquefort émietté, poivrer et mélanger. Pour une texture proche d'une béchamel, ajouter si nécessaire 1 ou 2 cuillerée(s) à soupe de lait.

4 Servir la terrine tiède voire froide coupée en tranches, accompagnée de la sauce au roquefort chaude.

Matin

Terrine maison

1 pt.

pour 10 personnes **prêt en 30 min** **cuisson 1h30 min** **repos 12h**

600 g d'escalope de dinde
150 g d'escalope de veau
200 g de filet mignon
100 g de bacon
3 échalotes
1 bouquet de persil
1 petit œuf
3 CS de cognac
15 g de sel
Thym
3 feuilles de laurier

1 À préparer la veille. Préchauffer le four à 200 °C (th. 6-7). À l'aide d'un robot ménager, hacher toutes les viandes préalablement coupées en petits morceaux ainsi que le bacon, les échalotes épluchées et le persil. Bien mélanger le tout avec l'œuf et le cognac. Ajouter le sel et mélanger.

2 Tasser le tout dans une terrine. Poser dessus le thym et les feuilles de laurier. Couvrir avec le couvercle et faire cuire 1 h 30 au four, au bain-marie. Laisser refroidir.

3 Le lendemain, démouler et servir sur un lit de salade avec des cornichons.

Déjeuner

Pâté de carottes au chèvre

5 pts

pour 4 personnes   prêt en 15 min   cuisson 30 min

500 g de carottes
500 ml d'eau
1 bouquet garni
2 petits œufs
90 g de fromage de chèvre frais
100 g de farine
100 g de fromage blanc nature à 0 %
1 cc d'huile de tournesol
Sel, poivre

1 Préchauffer le four à 180 °C (th. 6). Peler les carottes, les couper en rondelles et les faire cuire à l'autocuiseur avec l'eau et le bouquet garni pendant 10 min.

2 Dans un saladier, mélanger les œufs battus, le fromage de chèvre coupé en lamelles, la farine, le fromage blanc, du sel et du poivre.

3 Égoutter et mixer les carottes cuites. Incorporer cette purée au mélange œufs-fromage blanc. Badigeonner d'huile un moule carré de 23 cm de côté. Verser la préparation dans le moule et faire cuire 20 min au four. Servir aussitôt.

Déjeuner

Cuisses de poulet aux petits légumes

pour 6 personnes **prêt en 20 min** **cuisson 20 min** (4 pts)

6 cuisses de poulet sans peau
1 CS d'huile d'olive
1 oignon en lamelles
2 gros blancs de poireaux
200 ml de de vin blanc sec
400 g de tomates pelées et concassées
2 gousses d'ail
1 bouquet de persil plat
Sel et poivre

1 Faire revenir les cuisses de poulet dans l'huile d'olive sur toutes les faces. Ajouter l'oignon. Couper les blancs de poireaux en petits morceaux et les faire revenir avec le poulet.

2 Ajouter le vin blanc, puis les tomates concassées, l'ail et le persil ciselé. Saler et poivrer. Couvrir et cuire 20 min à feu doux. Mélanger de temps en temps.

2 pts / pers.   Déjeuner

Aiguillettes de poulet, sauce morilles

pour 4 personnes   prêt en 15 min   cuisson 32 min   repos 5 min

450 g de filets de poulet fermier
2 échalotes
2 cc de fond de volaille
2 CS de fécule de pomme de terre
150 g de morilles entières surgelées
2 cc d'huile de tournesol
Le jus d'½ citron jaune
80 g de lait demi-écrémé concentré non sucré
4 brins de cerfeuil
Sel et poivre

1 Couper les filets de poulet en aiguillettes d'environ 5 x 2 cm. Les saler légèrement et les poivrer. Peler et ciseler les échalotes. Diluer le fond de volaille dans 300 ml d'eau chaude. Délayer la fécule dans 50 ml d'eau. Rincer les morilles surgelées, les mettre dans une sauteuse antiadhésive et les faire suer 5 min à feu doux. Les couper en deux ou trois morceaux selon la taille et réserver.

2 Préchauffer le four à 160 °C (th. 5-6). Essuyer la sauteuse, chauffer 1 cuillerée à café d'huile de tournesol et saisir les aiguillettes 2 min tout en remuant. Ajouter 4 cuillerées à soupe du fond de volaille dilué et poursuivre la cuisson 2 min à feu doux. Réserver. Chauffer le reste d'huile de tournesol dans un poêlon antiadhésif, y faire suer les échalotes et les morilles 5 min à feu doux puis moyen, tout en remuant. Déglacer avec le jus de citron. Verser le reste de fond de volaille et le lait concentré, porter à ébullition et laisser frémir doucement 5 min. Verser la fécule diluée et faire épaissir 3 min à feu doux, tout en remuant.

3 Ajouter les aiguillettes dans la sauce aux morilles, mélanger. Rectifier l'assaisonnement en sel, poivrer et parsemer de cerfeuil ciselé. Répartir la préparation dans 4 mini-cocottes d'une contenance de 170 ml. Poser les couvercles et enfourner pour 10 min. Réserver 5 min dans le four, porte entrouverte.

*****

4 pts / pers. Déjeuner

Tajine de poulet à la marocaine

pour 4 personnes prêt en 20 min cuisson 37 min repos 15 min

4 filets de poulet au agneau
2 oignons
2 tomates
1 petite courgette
1 patate douce (240 g)
1 citron confit au sel
2 cc d'huile d'~~olive~~ argan.
1 gousse d'ail
~~2 cm de gingembre~~
1 cc de ras el-hanout
5 olives vertes
1 petit bouquet de coriandre
Sel, poivre

1 Préchauffer le four à 210 °C (th. 7). Couper les filets de poulet en 2. Peler les oignons et les émincer en lanières. Rincer et couper les tomates en fines tranches. Rincer et détailler la courgette en tranches épaisses sans la peler. Peler, rincer et trancher la patate douce en fines rondelles. Rincer le citron confit, le couper en 4 morceaux.

2 Chauffer l'huile dans un tajine en poterie culinaire allant sur le feu, y faire fondre les oignons 2 min sans les laisser colorer. Hors du feu, étaler en couches successives les tranches de tomate, de courgette et de patate douce. Répartir l'ail et le gingembre pressés au presse-ail, saupoudrer d'épices. Ajouter les morceaux de citron confit et les olives, parsemer de quelques brins de coriandre. Arroser la préparation d'un verre d'eau. Placer les aiguillettes de poulet sur le dessus ; saler et poivrer. Mettre le couvercle et enfourner 35 min.

3 Laisser reposer le tajine dans le four éteint pendant 15 min. Au moment de servir, décorer de quelques brins de coriandre et présenter le plat à table coiffé de son couvercle.

Déjeuner

5 pts / pers

Coquelets grillés au thym et frites de courgette

pour 4 personnes **prêt en 20 min** **cuisson 35 min**

2 coquelets moyens de 500 g
4 cc de thym
3 petites courgettes
4 cc d'huile d'olive
2 cc de curry
Sel, poivre

1 Soulever la peau des coquelets et glisser le thym. Saler, poivrer et piquer la peau avec une fourchette. Faire cuire au barbecue ou sur une grille au four préchauffé à 225 °C (th. 7-8) en position gril + chaleur tournante (dans ce cas, mettre une plaque sous la grille pour que la graisse ne tombe pas directement dans le four). Compter 30 à 40 min de cuisson en les retournant régulièrement. La graisse doit s'égoutter sans toucher les morceaux.

2 Découper les courgettes en tronçons de 4 cm. Recouper chaque tronçon en 4 ou en 6 pour obtenir des frites. Verser l'huile, le curry, du sel et du poivre dans un saladier et bien mélanger avec les frites pour les imprégner. Les faire sauter à feu vif dans une grande poêle pendant 5 min environ. Servir chaud avec les coquelets.

Déjeuner

Coquelets à la bière 8 pts / pers.

pour 4 personnes   prêt en 15 min   cuisson 40 min

2 coquelets entiers de 600 g chacun
2 échalions
3 carottes fanes
250 g de champignons de Paris
1 CS de fond de veau
1 CS de fécule de pomme de terre
4 CS de crème à 15 %
1 cc d'huile d'olive
2 cc d'huile de tournesol
250 ml de bière ambrée
20 g de pain d'épices
1 bouquet garni (thym, laurier)
Sel et poivre

1 Couper les coquelets en 2 dans la longueur : chaque morceau comprend une aile et une cuisse. Peler et émincer les échalions en fines rondelles. Peler et couper les carottes en bâtonnets de 4 cm. Rincer, équeuter et émincer les champignons. Diluer le fond de veau dans 250 ml d'eau chaude. Délayer la fécule avec la crème et 5 cuillerées à soupe d'eau.

2 Mettre l'huile d'olive dans une sauteuse antiadhésive. Y faire suer les échalions 2 min, ajouter les champignons, saler et poivrer, cuire 3 min tout en remuant. Incorporer les carottes, remuer quelques instants. Débarrasser et réserver.

3 Verser l'huile de tournesol dans une cocotte antiadhésive, y faire revenir les demi-coquelets 5 min à feu moyen, en retournant de tous côtés. Saler et poivrer. Ajouter les légumes. Verser la bière, donner un bouillon puis ajouter le fond de veau dilué. Incorporer le pain d'épices coupé en dés et le bouquet garni. Cuire 15 min à petits frémissements et à couvert. Au bout de ce temps, retirer le bouquet garni, incorporer la crème à la fécule et mélanger. Cuire 15 min à feu moyen tout en remuant de temps en temps. Rectifier l'assaisonnement.

6 pts / pers. Déjeuner

Coq au vin blanc et champignons forestiers

pour 6 personnes **prêt en 20 min** **cuisson 1h**

4 échalotes
2 belles carottes
2 CS d'huile de tournesol
600 g de coq
(900 g de morceaux avec os)
500 ml de vin blanc
1 pincée d'herbes de Provence
1 CS de beurre doux
450 g de mélange de champignons forestiers (décongelés ou frais)
35 g de farine
Sel et poivre

1 Peler les échalotes et les carottes. Tailler les échalotes en 4 et les carottes en petits cubes réguliers. Dans une cocotte contenant l'huile, faire dorer les morceaux de coq sur toutes leurs faces à feu vif.

2 Les retirer de la cocotte et faire sauter les échalotes et les carottes en mélangeant à feu moyen pendant 2 min. Remettre la viande, ajouter le vin blanc, les herbes de Provence, saler et poivrer. Couvrir et laisser cuire à feu doux pendant environ 1 h.

3 Dans une poêle, faire sauter les champignons avec le beurre, à feu vif jusqu'à ce qu'ils ne rendent plus d'eau, saler et poivrer. 10 min avant la fin de la cuisson du coq, ajouter les champignons dans la sauce.

4 À la fin de la cuisson, retirer la viande, délayer la farine dans 50 ml d'eau froide, ajouter dans la sauce chaude en mélangeant jusqu'à ce qu'elle épaississe légèrement. Remettre les morceaux de coq, mélanger et servir aussitôt.

Déjeuner

Pintade au chou

5 pts / pers

pour 6 personnes   prêt en 20 min   cuisson 1h10 min

1 chou vert frisé
2 carottes
4 branches de céleri
1 oignon
1 gousse d'ail
4 cc d'huile de tournesol
1 pintade entière de 1,2 kg découpée en morceaux
1 cc de grains de poivre
1 cc de baies de genièvre
45 g de lardons nature
2 CS de vin blanc flambé ou cuit
2 cc de fond de veau
300 ml d'eau bouillante
3 feuilles de sauge
Sel

1. Porter à ébullition une grande casserole d'eau salée. Retirer les premières feuilles du chou, le rincer et le découper en 6 morceaux. Les cuire 5 min dans l'eau bouillante. Égoutter.

2. Éplucher, laver et émincer : les carottes, les branches de céleri, l'oignon et l'ail.

3. Chauffer l'huile dans une cocotte puis faire dorer à feu vif les morceaux de pintade sur chaque face en assaisonnant de sel, de grains de poivre et de baies de genièvre. Faire rissoler les lardons ainsi que les légumes pendant 5 min.

4. Ajouter le vin, le fond de veau dilué avec l'eau et la sauge. Disposer les morceaux de chou dans la cocotte et cuire à couvert à feu doux pendant 50 min environ. Servir sans plus attendre.

Déjeuner

Canard à l'exotique

2 pts / per.

pour 4 personnes   prêt en 15 min   cuisson 30 min

400 g de jeunes navets
1 mangue
2 petites oranges non traitées
1 cc d'huile
400 g d'aiguillettes de canard
4 gousses de cardamome verte
1 cc de garam masala
250 ml d'eau
8 brins de coriandre
Sel, mélange 5 baies

1 Couper les navets épluchés en 8 quartiers. Éplucher la mangue et la détailler en quartiers. Couper 1 orange en 8 quartiers. Faire chauffer l'huile dans une grande poêle puis y faire revenir les aiguillettes de canard et les quartiers d'orange à feu vif pendant 1 min 30 par face pour les aiguillettes et 2 min par face pour les quartiers d'orange. Parsemer de graines de cardamome verte écrasées en début de cuisson. Assaisonner de sel et de mélange 5 baies en fin de cuisson. Réserver les aiguillettes dans une assiette creuse à couvert.

2 Mettre le garam masala dans la poêle non nettoyée. Verser l'eau et porter à ébullition, puis ajouter les navets. Couvrir à moitié et faire cuire à feu moyen pendant environ 10 min.

3 Ajouter les quartiers de mangue et le jus de l'orange restante. Assaisonner de sel et de mélange 5 baies et poursuivre la cuisson pendant 10 min à couvert. Ajouter au besoin un peu d'eau si le jus réduit trop vite. Il doit rester un peu de sauce au final. Ajouter les aiguillettes et laisser réchauffer pendant 2 ou 3 min. Parsemer de coriandre et servir aussitôt.

3 pts / pers **** Déjeuner

Aiguillettes de canard, endives braisées à l'orange

pour 4 personnes prêt en 15 min cuisson 30 min

2 oranges non traitées
8 endives
2 cc de beurre
480 g d'aiguillettes de canard
1 cc de confiture
ou de gelée d'orange
Sel, poivre

1 Rincer les oranges et prélever leur zeste. Plonger ces derniers dans une casserole d'eau, laisser bouillir 10 min. Les égoutter et les laisser refroidir. Presser les oranges pour récupérer leur jus. Couper les endives en 2, ôter le cœur et placer les feuilles dans un faitout. Les arroser avec le jus d'orange, couvrir et cuire à feu doux jusqu'à évaporation du liquide.

2 Ajouter le beurre et laisser cuire, environ 10 min à feu moyen, en retournant les endives de temps à autre. Ajouter un peu d'eau si nécessaire. Lorsqu'elles sont fondantes et dorées, arrêter la cuisson et réserver au chaud.

3 Faire revenir les aiguillettes dans une grande poêle antiadhésive. Les retirer, les réserver au chaud et déglacer les sucs de cuisson avec la confiture délayée dans 2 cuillerées à soupe d'eau. Ajouter les zestes d'orange, saler et poivrer. Laisser mijoter 5 min. Servir les endives braisées avec les aiguillettes, arrosées de la sauce à l'orange.

Déjeuner

Cuisses de lapin à la compote de tomates

pour 4 personnes   **prêt en 15 min**   **cuisson 1h**   (7 pts)

1 gousse d'ail
800 g de tomates pelées en conserve
50 g de bacon fumé
2 cc d'huile d'olive
4 cuisses de lapin
50 ml d'eau
1 CS de miel liquide
2 branches de thym
1 petit brin de romarin
1 feuille de laurier
½ bouquet de persil
Sel, poivre

1 Éplucher et hacher l'ail. Égoutter les tomates, les couper en quartiers. Couper le bacon en lanières. Faire chauffer l'huile dans une cocotte à fond épais et y faire dorer les cuisses de lapin à feu vif pendant une dizaine de minutes ; 2 min avant la fin de la cuisson, ajouter les lanières de bacon pour les faire dorer.

2 Verser l'eau, ajouter le miel, les tomates, le thym, le romarin et le laurier. Saler. Laisser cuire à couvert et à petits frémissements pendant 30 min en mélangeant de temps en temps.

3 Ôter le couvercle et poursuivre la cuisson pendant 15 min. Retirer les cuisses de lapin, les garder au chaud. Faire réduire la compote pendant 5 min à feu vif. Poivrer. Effeuiller et hacher le persil. Servir les cuisses de lapin avec la compote, le tout parsemé de persil ciselé.

Déjeuner.

Barigoule de lapin aux petits violets

pour 4 personnes   prêt en 20 min   cuisson 30 min   5 pts

6 artichauts violets
Le jus d'1 citron
4 petits oignons nouveaux
300 ml d'eau
1 grosse tomate
2 cc d'huile d'olive
4 gigolettes de lapin
30 g de lardons fumés
1 gousse d'ail
1 cc de graines d'anis
1 CS de graines de coriandre
200 ml de vin blanc sec
1 bouquet garni
Sel, poivre

1 Éplucher les artichauts : casser les queues, ôter les feuilles dures à l'aide d'un couteau pointu en tournant autour du cœur et couper la partie supérieure des feuilles. Les trancher en 2 et les arroser de jus de citron. Peler les oignons. Peler et couper la tomate en quartiers.

2 Chauffer l'huile dans une cocotte, y faire revenir les gigolettes de lapin 3 min, ajouter les lardons et les oignons, poursuivre la cuisson 2 min en remuant. Mettre les quartiers de tomate, la gousse d'ail en chemise, les graines d'anis et de coriandre. Ajouter le vin blanc, l'eau et le bouquet garni puis porter à ébullition. Incorporer les artichauts. Laisser cuire 25 min sur feu moyen à doux. Poivrer, rectifier l'assaisonnement et retirer le bouquet garni avant de servir.

Déjeuner

Lapin à la choucroute (7pts)

pour 4 personnes   prêt en 15 min   cuisson 50 min

4 cuisses de lapin
600 g de choucroute non cuisinée
1 oignon rouge
1 carotte
400 g de pommes de terre à chair ferme
4 cc d'huile d'olive
40 g de petits lardons fumés
120 ml de vin blanc sec à cuire
1 cc de baies de genièvre
1 feuille de laurier
1 petit bouquet de thym frais
Sel et poivre

1 Saler et poivrer les cuisses de lapin. Rincer et presser la choucroute, la démêler. Peler et émincer l'oignon en lamelles. Peler la carotte, la couper en bâtonnets de 3 à 4 cm de long. Peler et rincer les pommes de terre.

2 Dans une poêle antiadhésive, chauffer 3 cuillerées à café d'huile, y faire revenir les cuisses de lapin 10 min, à feu moyen, les retourner à mi-cuisson. Réserver.

3 Dans une cocotte en fonte, verser le reste d'huile. Ajouter l'oignon émincé et les lardons, les faire suer 5 min à feu doux tout en remuant. Verser le vin blanc et donner un bouillon. Ajouter la choucroute, les baies de genièvre, le laurier et les bâtonnets de carotte. Verser un verre d'eau (200 ml), déposer les cuisses de lapin et les pommes de terre (les saler et poivrer légèrement), glisser le bouquet de thym.

4 Couvrir la cocotte, laisser cuire 35 min à feu doux, s'il reste un peu de liquide, enlever le couvercle 5 min avant la fin de la cuisson pour le faire s'évaporer. Disposer la préparation dans un plat creux et déguster.

Déjeuner

Filet mignon mijoté aux raisins

pour 4 personnes prêt en 10 min cuisson 35 min (6 pts)

2 belles échalotes
4 cc d'huile d'olive
1 filet mignon de porc de 600 g
125 ml de vin blanc
125 ml d'eau
4 gousses d'ail
1 cc de romarin
2 cc de miel
1 belle grappe de raisin blanc
Sel

1 Éplucher et émincer les échalotes. Dans une cocotte, chauffer à feu vif l'huile et faire dorer le filet mignon sur toutes les faces en le retournant constamment. Sur feu moyen, ajouter les échalotes en remuant bien. Arroser avec le vin blanc et l'eau.

2 Ajouter les gousses d'ail entières non pelées, le romarin et le miel. Saler. Couvrir et laisser mijoter à feu moyen pendant 20 min. Mouiller d'un peu plus d'eau si la viande s'assèche.

3 Ajouter les grains de raisin et poursuivre la cuisson 15 min. Servir bien chaud.

Déjeuner

Filet mignon en croûte & spaghettis de courgette

pour 4 personnes prêt en 15 min cuisson 20 min (5 pts)

2 CS de chapelure
1 échalote pelée et finement ciselée
1 cc bombée de persil ciselé
3 belles pincées de cumin en poudre
3 belles pincées de cannelle en poudre
1 pointe de couteau de piment d'Espelette
4 cc d'huile d'olive
1 filet mignon de porc (500 g)
4 petites courgettes
1 gousse d'ail pelée et finement ciselée
Sel, poivre

1 Préchauffer le four à 230 °C (th. 7-8). Dans un bol, mélanger du bout des doigts la chapelure, l'échalote, le persil, les épices, 1 cuillerée à café d'huile d'olive, du sel et du poivre afin d'obtenir un « crumble ».

2 Badigeonner le filet mignon avec 1 cuillerée à café d'huile d'olive et le faire dorer sur toutes les faces dans une poêle antiadhésive, à feu vif. Le déposer dans un plat allant au four, disposer la croûte d'herbes dessus en tassant. Enfourner 10 à 13 min. Vérifier la cuisson en plantant une pique en bois, le jus qui sort ne doit pas être couleur sang.

3 Pendant ce temps, laver les courgettes, retirer les extrémités. Avec un peigne à julienne ou un couteau économe, réaliser des spaghettis de courgette. Dans la même poêle, faire chauffer le reste d'huile, et faire cuire les spaghettis de courgette et l'ail pendant 3 min à feu vif, en faisant sauter régulièrement. Saler, poivrer et stopper la cuisson.

4 Sortir le filet mignon du four, le couper en tranches régulières et servir avec les spaghettis de courgette.

Filet de porc farci aux pruneaux

pour 4 personnes   prêt en 15 min   cuisson 36 min   repos 5 min

4 échalotes
2 cc d'huile de tournesol
50 ml de vin rouge
1 cc de fond de veau
1 branche de thym
200 ml d'eau
1 filet mignon de porc de 500 g (sans la pointe)
6 pruneaux moelleux, dénoyautés (60 g)
5 tranches de chiffonnade de pancetta (48 g)
Sel, poivre

1 Peler les échalotes et les couper en lamelles. Chauffer 1 cuillerée à café d'huile dans une petite casserole, y faire revenir les échalotes 2 min à feu moyen tout en remuant. Verser le vin, laisser le liquide s'évaporer puis saupoudrer de fond de veau, ajouter le thym et verser l'eau. Laisser bouillonner 10 min à feu moyen.

2 Préchauffer le four à 190°C (th. 6-7). Fendre le filet de porc en deux sur la longueur aux 2/3 de l'épaisseur puis l'ouvrir en portefeuille. Saler et poivrer l'intérieur. Ranger les pruneaux au milieu et refermer. Entourer de tranches de pancetta en serrant bien. Chauffer une sauteuse antiadhésive sans ajout de matière grasse, y faire dorer le filet 4 min sur toutes les faces en commençant par la face où la pancetta se rejoint.

3 Graisser un plat antiadhésif allant au four avec le reste d'huile, y déposer le filet. Enfourner 20 min. À mi-cuisson, ajouter les échalotes et quelques cuillerées de jus dans le fond du plat. Laisser reposer le rôti 5 min dans le four éteint puis le couper en tranches à l'aide d'un couteau électrique. Les présenter dans un plat avec les échalotes.

Déjeuner

Palette aux lentilles et potiron

pour 6 personnes prêt en 15 min cuisson 50 min (6 pts)

450 g de palette de porc
2 oignons
2 clous de girofle
1 bouquet garni (thym, laurier)
1 branche de céleri
1 tomate moyenne
2 cc d'huile d'olive
50 ml de vin blanc sec
200 g de lentilles vertes sèches
1 gousse d'ail
300 g de potiron
1 CS de coriandre hachée
Sel et poivre

1 Rincer la viande. Peler les oignons, en piquer un avec les clous de girofle. Mettre la viande dans un autocuiseur avec une grande quantité d'eau froide et une pincée de sel. Porter à ébullition, laisser bouillonner 1 min et écumer au fur et à mesure. Ajouter l'oignon piqué et le bouquet garni, fermer hermétiquement et cuire 20 min à petit chuchotement.

2 Pendant ce temps, émincer l'autre oignon ; effiler le céleri et peler la tomate puis les couper en petits dés. Chauffer l'huile dans une cocotte, y faire suer l'oignon et le céleri 2 min. Déglacer avec le vin blanc, ajouter les dés de tomate puis les lentilles préalablement rincées. Remuer, couvrir d'eau froide et incorporer la gousse d'ail pelée et écrasée. Cuire 15 min à feu moyen.

3 Couper le potiron en petits cubes de 2 cm, les verser dans la cocotte : si nécessaire ajouter un peu d'eau. Saler et poivrer, couvrir et poursuivre la cuisson 10 min à feu doux. Lorsque la palette est cuite, l'égoutter puis la couper en morceaux. Les incorporer dans la cocotte, mélanger et réchauffer le tout 2 min. Parsemer de coriandre.

Hachis camarguais

pour 4 personnes   prêt en 20 min   cuisson 46 min

4 petites courgettes
3 cc d'huile d'olive
90 g de riz blanc cru
50 ml de vin blanc sec
1 oignon émincé
400 g de steak haché à 5 %
1 CS d'ail haché
1 cc d'herbes de Provence
400 g de tomates concassées
1 cc de fond de veau
250 ml d'eau
30 g de gruyère râpé
2 CS de parmesan
Sel, poivre

1 Préchauffer le four à 180 °C (th. 6). Peler et couper les courgettes en fines rondelles. Chauffer 1 cuillerée à café d'huile dans une sauteuse, y nacrer le riz 2 min puis déglacer avec le vin blanc. Réserver. Ajouter 1 cuillerée à café d'huile dans la sauteuse, y faire revenir l'oignon et la viande émiettée pendant 2 min. Saler et poivrer, parsemer d'ail et d'herbes de Provence. Verser les tomates, mélanger et laisser mijoter 2 min.

2 Graisser un plat à gratin avec l'huile restante. Étaler la moitié des courgettes. Répartir le riz. Ajouter une couche du mélange viande-tomates, recouvrir du reste de courgettes, puis du mélange viande-tomates. Diluer le fond de veau dans l'eau chaude et verser le bouillon obtenu à hauteur, parsemer de gruyère et de parmesan. Enfourner 40 min.

Déjeuner

Raviolis de bœuf et sauce aux champignons

pour 4 personnes   prêt en 25 min   cuisson 20 min   repos 20 min

10 pts

Pour la pâte
105 g de farine blanche
+ 5 g pour étaler la pâte
40 ml d'eau chaude (environ 40 °C)

Pour la sauce
20 g de beurre
1 échalote émincée
200 g de champignons de Paris frais émincés
2 CS de farine
60 ml de vin blanc
60 ml d'eau
2 CS de crème à 15 %
Sel, poivre

Pour la farce
2 cc d'huile d'olive
1 oignon émincé
1 tomate fraîche, pelée épépinée et coupée en dés
200 g de steak haché à 5 %
½ bouquet de persil haché
40 g de parmesan râpé

1 Préparer la pâte. Pétrir ensemble à la main la farine et l'eau, pour obtenir une pâte souple et homogène. Laisser reposer le temps de préparer les autres étapes de la recette.

2 Préparer la sauce aux champignons. Faire chauffer le beurre dans une casserole, puis y faire revenir l'échalote et les champignons émincés pendant 4 min. Ajouter la farine et remuer. Retirer la casserole du feu puis mouiller avec le vin et l'eau. Remettre sur le feu et porter à ébullition en remuant. Ajouter la crème, saler, poivrer et stopper la cuisson. Réserver.

3 Préparer la farce. Faire chauffer l'huile dans une poêle et y faire revenir l'oignon émincé. Ajouter la tomate, remuer puis ajouter la viande. Laisser cuire à feu vif 5 min, saler, poivrer et ajouter le persil haché. Laisser tiédir.

4 Mettre de l'eau à bouillir dans une grande casserole. Fariner le plan de travail, couper la boule de pâte à raviolis en deux et les étalez le plus finement possible en forme de rectangle. Tailler dedans des carrés de pâte de 8 x 8 cm environ. Déposer une cuillerées de farce sur un carré, humecter les bords, puis plier en diagonale. Souder les bords en appuyant fortement dessus.

5 Plonger les raviolis farcis 4 min dans la casserole d'eau frémissante. Egoutter, déposer dans les assiettes et napper avec la sauce aux champignons. Parsemer de parmesan râpé.

Déjeuner

Sauté de bœuf au riz et carottes

pour 2 personnes   prêt en 15 min   cuisson 26 min   (6 pts)

60 g de riz blanc parfumé cru
120 g de rosbif (tende de tranche)
1 pincée de curry
1 pincée de cinq épices
1 cc de sauce soja salée
½ oignon doux (ou 1 cive)
200 g de carottes
150 g de petits champignons de Paris
2 cc d'huile
1 CS de coriandre ciselée
Sel, poivre

1 Porter de l'eau salée à ébullition, y cuire le riz 10 min. Égoutter et réserver. Couper la viande en petites lanières, les réserver dans un bol. Saupoudrer de curry et de cinq épices, arroser de sauce soja, mélanger et réserver.

2 Peler et émincer l'oignon. Peler et détailler la carotte en fine julienne. Rincer, sécher et émincer les champignons. Chauffer 1 cuillerée à café d'huile dans une sauteuse antiadhésive. Lorsqu'elle est bien chaude, faire revenir l'oignon 1 min. Ajouter la viande et cuire 2 min tout en remuant. Réserver au chaud dans un autre récipient.

3 Chauffer le reste d'huile dans la même sauteuse. Verser la julienne de carotte, faire revenir 2 min en remuant, ajouter les champignons et cuire 1 min de plus en remuant. Couvrir et poursuivre la cuisson 10 min à feu doux. Ajouter un peu d'eau si nécessaire, pour éviter que les légumes attachent.

4 Lorsque les légumes sont cuits, incorporer l'émincé de bœuf et le riz, mélanger et faire réchauffer le tout 1 min dans la sauteuse, tout en remuant. Rectifier l'assaisonnement en sel, poivrer et parsemer de coriandre.

Déjeuner

Pot au feu thaï

9 pts

pour 4 personnes **prêt en 10 min** **cuisson 2h min**

300 g de paleron de bœuf
30 g de gingembre
4 tiges de citronnelle
Le zeste d'1 citron vert
1 petit piment oiseau
8 champignons de Paris
200 ml de lait de coco
1 bouquet de coriandre
le jus d'1 citron vert
Sel et poivre

1 Déposer dans une cocotte la viande avec le gingembre épluché, les tiges de citronnelle, le zeste de citron vert et le piment oiseau puis couvrir d'eau à hauteur. Saler, poivrer et amener à ébullition, puis baisser le feu, couvrir et laisser cuire à petit bouillon pendant 2 h.

2 Sortir la viande pour la détailler en petits morceaux, et filtrer les aromates pour les jeter (racine de gingembre, piment oiseau et tiges de citronnelle).

3 Remettre la viande dans la cocotte sur feu doux, ajouter les champignons de Paris émincés et verser le lait de coco. Mélanger puis ajouter le bouquet de coriandre haché.

4 Servir en bols, en agrémentant de quelques gouttes de jus de citron vert.

5 Répartir la préparation dans 4 verrines, ajouter les dés de poivron dessus. Réserver au frais pendant 1 h. Servir saupoudré de paprika, avec des bâtonnets de légumes : carottes, concombre, branche de céleri.

Déjeuner

Bourguignon et pommes de terre à l'étouffée

pour 4 personnes **prêt en 25 min** **cuisson 1h40 min** **repos 12h** 8 pts

200 g de jarret de bœuf
200 g de joue de bœuf
1 carotte
1 oignon jaune
1 clou de girofle
1 bouquet garni
250 ml de vin rouge flambé ou cuit
2 cc d'huile de tournesol
30 g de lardons nature
1 cc d'ail haché
1 CS de farine
1 boîte de champignons de Paris émincés
1 CS de tomates concassées
150 g d'oignons grelots surgelés
8 petites pommes de terre (400 g)
10 g de chocolat noir à 70 % de cacao minimum extra
1 CS de persil haché
Sel et poivre

1 La veille, couper la viande en gros cubes. Peler la carotte et la moitié de l'oignon, les tailler en petits dés. Piquer le clou de girofle dans la moitié restante de l'oignon. Disposer les ingrédients avec le bouquet garni dans un bol hermétique et couvrir de vin rouge. Fermer le bol et laisser mariner toute une nuit au réfrigérateur. Le lendemain, égoutter la viande et la garniture en conservant le vin. Éponger la viande avec du papier absorbant.

2 Chauffer l'huile dans une cocotte et colorer à feu vif les morceaux de viande et les lardons 2 min. Ajouter la garniture avec l'ail et cuire le tout 1 min. Saupoudrer de farine tout en mélangeant pour bien en enrober les aliments, puis arroser de vin rouge. Ajouter les champignons égouttés, les tomates concassées, les oignons grelots puis couvrir peu à peu d'eau. Bien mélanger le tout. Assaisonner. Faire bouillir puis laisser mijoter à couvert 1 h à feu doux en remuant de temps en temps.

3 Pendant ce temps, peler et rincer les pommes de terre. Une fois l'heure de cuisson achevée, ôter le couvercle de la cocotte et râper le chocolat noir au-dessus de la préparation, à l'aide d'un couteau économe. Remuer le tout pour faire fondre le chocolat dans la sauce. Ajouter les pommes de terre et poursuivre la cuisson à feu doux encore 45 min. Déguster le bourguignon parsemé de persil haché.

* * * *   Déjeuner

Veau Marengo

6 pts | pers.

pour 4 personnes   prêt en 50 min   cuisson 1h30 min

500 g de veau (épaule)
4 cc d'huile de tournesol
1 oignon
60 ml de vin blanc
2 cc de farine ou maïzena.
30 g de concentré de tomates
3 cc de fond de veau déshydraté
600 ml d'eau
1 bouquet garni
2 gousses d'ail
120 g de champignons de Paris
120 g de petits oignons
1 cc de sucre
Sel, poivre

1 Couper la viande en gros cubes. Faire chauffer 2 cuillerées à café d'huile dans une sauteuse et y faire revenir le veau. Saler, poivrer, ajouter l'oignon finement émincé et laisser suer doucement à couvert pendant 3 à 4 min. Déglacer avec le vin blanc, laisser réduire puis parsemer de farine. Laisser cuire pendant 1 min avant d'ajouter le concentré de tomates. Mélanger et mouiller à hauteur avec le fond de veau dilué dans l'eau. Porter à ébullition, ajouter le bouquet garni et les gousses d'ail. Couvrir et laisser frémir pendant 1 h à 1 h 30 à feu doux.

2 Éplucher et couper grossièrement les champignons. Les faire sauter dans une poêle avec 1 cuillerée à café d'huile et 1 d'eau ; saler, poivrer et réserver. Répartir les petits oignons en une seule couche dans une sauteuse. Mouiller d'eau à hauteur. Ajouter le reste d'huile et le sucre. Saler, poivrer et porter à ébullition. Couvrir d'une feuille de papier sulfurisé et faire cuire environ 10 min à feu modéré en enrobant régulièrement les oignons du jus de cuisson. Quand ils sont cuits, retirer le papier sulfurisé et poursuivre la cuisson jusqu'à une légère caramélisation.

3 Retirer les morceaux de veau de la sauteuse et les réserver au chaud. Filtrer la sauce, vérifier l'assaisonnement. Ajouter les oignons et les champignons, donner un bouillon, remettre la viande dans la sauteuse et servir aussitôt.

Déjeuner

Papillotes d'épinard à l'agneau

7 pts

pour 4 personnes   prêt en 25 min   cuisson 30 min   repos 5 min

1 gros oignon émincé
1 cc d'huile d'olive
1 cc de curry
400 g d'épaule d'agneau hachée
4 CS de tomates concassées
2 CS de lait de coco allégé
1 CS de sauge ciselée
4 grandes feuilles d'épinard
1 cc de fond de veau
120 ml d'eau
1/4 de cc d'ail haché
1 piment oiseau
2 CS d'amandes effilées
Sel et poivre

1 Préchauffer le four à 180 °C (th. 6). Dans une grande poêle, colorer à feu vif l'oignon dans l'huile pendant 2 min. Saupoudrer de curry, ajouter la viande et cuire 3 min. Mélanger les tomates concassées et le lait de coco et poursuivre la cuisson 5 min. Saler légèrement. Retirer cette farce du feu et incorporer la sauge.

2 Rincer puis éponger les feuilles d'épinard à l'aide de papier absorbant. Répartir un quart de la farce dans chacune des feuilles à l'aide d'une cuillère. Rabattre les bords puis rouler une à une les feuilles sur elles-même de façon bien hermétique en les fermant à l'aide d'un pic en bois.

3 Diluer le fond de veau dans l'eau bouillante. Laisser infuser 5 min. Répartir le jus dans les mini-cocottes (contenance 200 ml et diamètre 10 cm) en prenant soin de retirer le piment. Disposer délicatement une papillote dans chaque cocotte. Couvrir et enfourner 20 min. Servir les papillotes chaudes décorées d'amandes effilées.

Beignets de crabe et sauce crémeuse pimentée

pour 4 personnes   prêt en 25 min   cuisson 10 min

450 g de crabe
1 morceau de piment jalapeño épépiné et finement émincé
1 brin de ciboule (le vert et le blanc émincés)
1 petite tranche de pain de mie toastée et coupée en très petits dés
1 cc de moutarde de Dijon
1 œuf moyen
1 blanc d'œuf
60 g de mayonnaise
80 g de fromage blanc nature à 0 %
40 g de fromage frais
2 cc de jus de citron
¼ de brin de ciboule
Sel, poivre

1 Préchauffer le four à 200 °C (th. 6-7). Bien égoutter le crabe s'il s'agit de crabe en conserve. Placer la chair dans un bol et la briser en gros morceaux. Ajouter le piment, le brin de ciboule émincé, le pain, la moutarde, l'œuf, le blanc d'œuf et la mayonnaise ; saler et poivrer. Bien mélanger.

2 Former 8 galettes avec cette préparation et les placer sur une plaque de cuisson recouverte de papier sulfurisé en prenant soin de laisser 2 cm entre chaque beignet de crabe. Cuire jusqu'à ce que les bords des beignets soient légèrement dorés, soit environ 10 min.

3 Pendant ce temps, préparer la sauce en mélangeant dans un bol le fromage blanc, le fromage frais, le jus de citron et la ciboule émincée ; saler, poivrer. Sortir les beignets du four et les servir avec la sauce.

Croque-monsieur de poisson

pour 4 personnes   prêt en 10 min   cuisson 15 min

1 cc de moutarde fine de Dijon
4 cc de ketchup
8 petites tranches de pain de mie
200 g de filets de colin
1 cc d'herbes de Provence
1 cc de jus de citron
1 oignon
40 g de gruyère râpé
4 tomates
Sel, poivre

1 Étaler la moutarde et le ketchup sur une face de chaque tranche de pain de mie. Faire dorer les filets de poisson 3 min de chaque côté dans une poêle antiadhésive ou recouverte d'une feuille de cuisson. Saupoudrer d'herbes, saler, poivrer et arroser de jus de citron. Réserver au chaud.

2 Couper l'oignon en fines rondelles et les faire dorer dans la même poêle que celle du poisson. Verser un peu d'eau et laisser cuire jusqu'à complète évaporation.

3 Disposer une fine couche de gruyère sur 4 tranches de pain de mie. Recouvrir avec les tomates coupées en rondelles. Déposer un filet de poisson et terminer avec l'oignon. Recouvrir avec les tranches de pain restantes. Faire cuire 4 min dans l'appareil de cuisson à croque-monsieur ou, à défaut, 3 à 4 min sous le gril le four.

Soir

Soupe de moules aux coquillettes

pour 4 personnes prêt en 10 min cuisson 35 min

5pp

2 CS d'huile d'olive
1 oignon émincé
2 tomates fraîches, pelées, épépinées et coupées en dés
½ bulbe de fenouil émincé
2 gousses d'ail
1 l d'eau
1 pistil de safran (ou à défaut ½ cc de curcuma en poudre)
120 g de coquillettes
400 g de moules décortiquées
Sel, poivre

1 Faire chauffer l'huile dans une cocotte et y faire revenir l'oignon pendant 5 min à feu modéré, en remuant. Ajouter les tomates, le fenouil et les gousses d'ail écrasées dans leur peau. Mélanger et laisser saisir à feu vif 5 min.

2 Verser l'eau, saler légèrement, poivrer et ajouter le safran. Porter à ébullition. Ajouter les coquillettes, remuer et poursuivre la cuisson 10 min. Ajouter les moules, poursuivre la cuisson 5 min. Servir la soupe bien chaude.

Saint-Jacques sautées aux courgettes et citron confit

pour 4 personnes   prêt en 20 min   cuisson 12 min   repos 30 min

1 cm de gingembre frais
½ citron confit
400 g de noix de Saint-Jacques
1 CS d'huile
2 cc de sauce soja
300 g de courgette
½ bouquet de coriandre
1 CS de graines de sésame
Sel, poivre

1 Éplucher et râper le gingembre. Couper le citron confit en petits dés. Rincer et éponger soigneusement les noix de Saint-Jacques. Verser le tout dans un récipient creux, ajouter l'huile et la sauce soja, bien mélanger l'ensemble. Couvrir hermétiquement et laisser mariner 30 min au frais.

2 Laver et sécher la courgette, la détailler en fines rondelles. Égoutter les Saint-Jacques au-dessus d'un récipient pour recueillir la marinade. Avec un pinceau de cuisine, huiler de marinade la surface d'une grande poêle antiadhésive. Faire chauffer la poêle et y faire sauter les rondelles de courgette pendant 5 min, à feu moyen, en mélangeant fréquemment. Saler et poivrer. Les transvaser dans un récipient et les maintenir au chaud.

3 Effeuiller et hacher grossièrement la coriandre. Dans une poêle sans matière grasse, faire dorer les graines de sésame. Huiler à nouveau la poêle avec le pinceau à marinade et la faire chauffer. Saisir les noix de Saint-Jacques 2 à 3 min de chaque côté, selon leur taille. Ajouter les courgettes et réchauffer l'ensemble pendant 1 min tout en mélangeant. Servir les Saint-Jacques avec les courgettes, parsemées de graines de sésame et de coriandre ciselée.

Wok de crevettes à la chinoise

pour 4 personnes   prêt en 20 min   cuisson 12 min   repos 3 min

300 g de crevettes tropicales décortiquées, surgelées cuites
80 g de nouilles chinoises au blé, crues
2 pieds de chou chinois pak-choï
4 cives
1 gousse d'ail
2 cm de racine de gingembre
3 cc d'huile d'olive
1 cc de curry
Le jus d'1 citron vert
50 ml de lait de coco
Sel et poivre noir

1 Rincer les crevettes surgelées sous l'eau chaude et les éponger. Faire bouillir de l'eau dans une casserole avec une pincée de sel, y plonger les nouilles, retirer de suite du feu et laisser tremper 3 min dans l'eau. Égoutter. Rincer et effeuiller les choux chinois, couper les côtés en petits carrés et le vert en morceaux. Rincer et éponger les cives, enlever la barbe et couper les tiges à 6 cm de la base, les trancher en deux selon la taille. Peler et hacher l'ail puis le gingembre.

2 Verser 1 cuillerée à café d'huile dans un wok antiadhésif, y faire suer les cives 2 min à feu doux. Ajouter 1 autre cuillerée à café d'huile et mettre les crevettes, cuire 4 min à feu moyen tout en remuant. Saler, poivrer et parsemer d'ail. Pousser les ingrédients contre la paroi, ajouter le reste d'huile au centre, déposer le chou et cuire 3 min tout en remuant. Parsemer de gingembre et saupoudrer de curry. Saler légèrement et poivrer, mélanger le tout pendant 1 min.

3 Verser le jus de citron puis le lait de coco, mélanger. Incorporer les nouilles tout en les démêlant. Poursuivre la cuisson 2 min à feu doux, tout en remuant. Rectifier l'assaisonnement. Servir chaud dans le wok ou dans 4 bols.

Poisson grillé et nouilles safranées aux carottes

pour 2 personnes   prêt en 15 min   cuisson 15 min

1 bouquet garni
1 cc de safran
1 carotte pelée et coupée en lamelles à l'éplucheur
1 poivron rouge épépiné et coupé en fines lanières
100 g de pois gourmands coupés en 2
100 g de nouilles chinoises au blé
300 g de filets de flétan
2 CS de sauce chili douce
2 CS de sauce soja salée
1 CS de jus de citron
1 pincée de poivre fraîchement moulu
2 brins de ciboule émincés

1 Préchauffer le gril du four. Mettre le bouquet garni et le safran dans une grande casserole d'eau et porter à ébullition. Réduire le feu et laisser mijoter pendant 5 min puis ajouter la carotte, le poivron, les pois gourmands et les nouilles. Laisser mijoter doucement pendant 5-6 min, ou jusqu'à ce que les nouilles soient cuites.

2 Disposer les filets de poisson sur une plaque allant au four recouverte d'une feuille de cuisson. Mélanger la sauce chili, la sauce soja et le jus de citron. Badigeonner le poisson de ce mélange et poivrer. Faire griller les filets au four pendant 5 à 6 min, en les arrosant toutes les 2 min avec le mélange de sauce chili. La chair doit être opaque et se défaire facilement.

3 épartir le mélange de nouilles avec du bouillon dans 2 bols et déposer les filets de poisson par-dessus. Servir, garni de la ciboule émincée..

Églefin aux asperges et morilles

pour 4 personnes **prêt en 10 min** **cuisson 15 min**

600 g d'asperges vertes décongelées
2 échalotes
1 CS d'huile d'olive
200 g de morilles
100 ml de vin blanc sec
4 CS de crème fraîche allégée à 15 %
4 filets d'églefin

1. Couper les asperges en morceaux. Dans une sauteuse, faire revenir les échalotes dans l'huile d'olive et ajouter les morilles. Verser le vin blanc et laisser réduire avant d'ajouter la crème.

2. Ajouter les asperges. Saler, poivrer et laisser mijoter 5 min. Ajouter les filets de poisson. Couvrir la sauteuse et laisser cuire 8-10 min à feu doux.

Soir. ou Déjeuner

Matelote de lotte aux rattes

4 pts

pour 4 personnes prêt en 15 min cuisson 38 min

480 g de lotte sans peau
Le jus d'½ citron
2 échalotes
1 CS de fécule de pomme de terre
1 CS de fond de veau
50 g de petits oignons blancs au vinaigre
1 cc d'huile d'olive
150 ml de vin rouge cuit
4 CS de coulis de tomate nature
1 bouquet garni (thym, sauge)
500 g de rattes
Sel et poivre

1 Couper la lotte en 4 morceaux, les rincer et les citronner. Peler et ciseler les échalotes. Délayer la fécule dans 50 ml d'eau froide. Diluer le fond de veau dans 200 ml d'eau chaude. Égoutter les oignons.

2 Chauffer l'huile dans une sauteuse ou une marmite antiadhésive de 20 cm de diamètre. Faire suer l'échalote 2 min à feu doux, tout en remuant. Ajouter le vin rouge et donner un bouillon. Incorporer le coulis de tomate et le fond de veau dilué, mélanger et laisser frémir 3 min à feu moyen. Verser la fécule diluée et faire épaissir 2 min à feu doux. Déposer les morceaux de lotte, les oignons et le bouquet garni. Couvrir et laisser mijoter 20 min à feu doux.

3 Pendant ce temps, gratter ou peler les rattes puis les rincer. Les mettre dans le panier de cuisson d'un autocuiseur avec un fond d'eau. Cuire 9 min à partir de la rotation de la vapeur. Égoutter. Enlever le bouquet garni de la sauce et ajouter les pommes de terre. Mélanger et laisser mijoter 2 min de plus, à feu doux. Poivrer et rectifier l'assaisonnement en sel.

Lotte à l'armoricaine

pour 4 personnes   prêt en 15min   cuisson 20 min

2 échalotes
2 gousses d'ail
4 morceaux de lotte (480 g)
1 CS de farine
4 cc d'huile d'olive
30 ml de cognac
150 ml de vin blanc sec
200 ml d'eau
4 CS de concentré de tomates
Sel, poivre de Cayenne

1 Peler et hacher les échalotes et les gousses d'ail. Rincer les morceaux de lotte, les essuyer, les saler et les poivrer. Les mettre dans un sac de congélation avec la farine et secouer pour qu'ils soient bien enrobés.

2 Faire chauffer l'huile dans une sauteuse antiadhésive, y faire dorer les morceaux de lotte 1 min de chaque côté. Hors du feu, arroser de cognac chaud et flamber. Retirer la lotte et la réserver.

3 Remettre la sauteuse sur le feu, verser le vin blanc et l'eau, ajouter l'ail, les échalotes et le concentré de tomates ; saler et poivrer. Porter à ébullition et maintenir 2 min tout en mélangeant. Baisser le feu, remettre les morceaux de lotte dans la sauteuse, couvrir et laisser mijoter 10 min sur feu très doux. Mélanger une ou deux fois en cours de cuisson.

Espadon au rougail d'aubergine

pour 4 personnes **prêt en 15 min** **cuisson 29 min**

1 aubergine
2 tomates bien mûres
1 oignon blanc
1 gousse d'ail
1 citron jaune
4 cc d'huile d'olive
½ cc d'origan
4 tranches d'espadon
2 cc de persil haché
Sel, poivre

1 Rincer et couper l'aubergine en deux dans le sens de la longueur. Envelopper chaque moitié dans un film alimentaire pour cuisson, nouer les extrémités et faire quelques trous avec la pointe d'un couteau. Les mettre sur le plateau du four à micro-ondes et cuire 5 min (800 W). Laisser tiédir.

2 Peler les tomates et les couper en dés. Peler et hacher l'oignon puis l'ail. Presser un demi-citron, couper l'autre moitié en 4 rondelles. Déballer les demi-aubergines et récupérer la pulpe à l'aide d'une cuillère.

3 Chauffer 2 cuillerées à café d'huile dans une casserole antiadhésive à fond épais. Y faire suer l'oignon 1 min, à feu doux. Ajouter l'ail et la pulpe d'aubergine, remuer 1 min. Incorporer les dés de tomate avec leur jus. Saler, poivrer et parsemer d'origan. Couvrir et laisser cuire 10 min, à feu doux. Poursuivre la cuisson 5 min à découvert, tout en remuant : laisser le jus s'évaporer pour avoir une texture épaisse.

4 Rincer et éponger les tranches d'espadon, saler et poivrer. Chauffer le reste d'huile dans une sauteuse antiadhésive, y faire revenir les tranches de poisson 3 min de chaque côté, à feu vif puis moyen. Au dernier moment, arroser de jus de citron et parsemer de persil haché. Présenter le poisson dans les assiettes de service, ajouter un cordon de rougail. Décorer d'une rondelle de citron.

Soir

Blanquette de poissons au riz (6 pts)

pour 4 personnes prêt en 20 min cuisson 35 min

120 g de saumon sans peau
360 g de dos de lieu
400 g de carottes
1 blanc de poireau
2 échalions
4 champignons de Paris
2 cc d'huile de tournesol
100 ml de vin blanc sec
1 cc de fond de veau
1 CS de fécule de maïs
3 CS d'eau
300 ml de lait demi-écrémé
1 pincée de muscade
120 g de riz blanc cru
Sel, poivre

1 Couper le saumon en 4 cubes et le dos de lieu en 8 morceaux. Saler et poivrer. Couper les carottes en petits bâtonnets de 3 cm de long. Fendre le blanc de poireau, le tailler en fins filaments sur toute la longueur. Peler et émincer les échalions en rondelles. Ôter le bout terreux des champignons et les couper en lamelles.

2 Chauffer l'huile de tournesol dans une sauteuse antiadhésive, y faire suer les échalions 1 min, ajouter les carottes et les champignons, remuer 1 min puis déglacer avec le vin blanc. Saupoudrer de fond de veau, verser 300 ml d'eau et déposer les filaments de poireau. Couvrir, cuire 15 min à feu moyen. Égoutter les légumes, réserver 1/2 tasse de bouillon (50 ml).

3 Diluer la fécule dans l'eau. Dans une casserole, porter le lait et le jus de cuisson réservé à ébullition, ajouter la fécule diluée et laisser épaissir 3 min à feu doux. Assaisonner de sel, de poivre et de muscade. Remettre les légumes dans la sauteuse, arroser de sauce et mélanger. Déposer les morceaux de poisson, couvrir et faire étuver 5 min à feu doux. Réserver sous le couvercle.

4 Dans une casserole, porter une grande quantité d'eau salée à ébullition, y cuire le riz 10 min. L'égoutter et le mouler au centre des assiettes à l'aide d'une tasse ou d'un cercle culinaire. Dresser la blanquette de poisson autour.

Waterzoï au cabillaud

pour 4 personnes prêt en 15 min cuisson 15 min

500 g de pommes de terre
2 carottes
2 blancs de poireaux
1 oignon
1 cc de beurre doux
1 bouquet garni
1 oignon
2 clous de girofle
480 g de cabillaud
1 l d'eau
240 g de saumon frais
200 ml de crème à 15 %
2 jaunes d'œuf
1 bouquet d'herbes mélangées : estragon, aneth, ciboulette, persil
Sel et poivre

1 Laver et éplucher les légumes, puis couper les pommes de terre et les carottes en cubes de 1 cm. Tailler les blancs de poireaux en tronçons d'1/2 cm. Faire revenir les légumes dans le beurre fondu à feu vif pendant 5 min tout en remuant dans une grande cocotte. Ajouter l'eau le bouquet garni, l'oignon piqué des clous de girofle et porter à ébullition, couvrir puis laisser cuire les légumes 15 à 20 min à feu moyen.

2 Ajouter le cabillaud et le saumon taillé en morceaux de même calibre pour homogénéiser la cuisson et poursuivre la cuisson 10 min. Mélanger la crème et les jaunes d'œufs dans un bol, puis délier ce mélange à l'aide d'une louche du bouillon de poisson. Verser le contenu du bol dans la cocotte et remuer pour avoir un mélange homogène. Ajouter enfin les herbes aromatiques hachées dans la cocotte et servir.

Soir

Parmentier de merlu à la patate douce

pour 4 personnes **prêt en 10 min** **cuisson 40 min** 9 pts / personne.

700 g de patates douces
4 CS de crème allégée à 15 %
400 g de dos de merlu
1 CS bombée de ciboulette ciselée
½ cc de zestes de citron vert
Sel et poivre

1 Peler et laver les patates douces, les couper en cubes réguliers. Dans une cocotte, déposer les cubes, ajouter de l'eau à hauteur, saler, faire cuire pendant 15 min à couvert. À la fin de la cuisson, verser dans une passoire et laisser soigneusement égoutter.

2 Déposer les cubes de patate douce dans le bol d'un mixeur, ajouter la crème, du sel et du poivre. Mixer, puis rectifier l'assaisonnement si besoin. Préchauffer le four à 160 °C (th. 5-6). À l'aide d'un grand couteau, hacher finement le merlu, ajouter la ciboulette, les zestes de citron, du sel et du poivre. Mélanger.

3 Répartir le poisson dans 4 mini-cocottes. Ajouter par-dessus la purée de patate douce. Enfourner et faire cuire pendant 25 min.

Soir

Crumble de courgettes au saumon (6 pts)

pour 4 personnes prêt en 15 min cuisson 20 min

½ bouquet de basilic
4 petites courgettes
1 gros oignon
100 ml d'eau
2 pavés de saumon frais sans la peau
40 g de dés de saumon fumé
Quelques baies roses
70 g de farine
50 g de beurre
Sel

1 Préchauffer le four à 180 °C (th. 6). Ciseler le basilic. Râper les courgettes et l'oignon avec les plus gros trous de la râpe. Les jeter dans une sauteuse, à feu vif, avec l'eau. Ajouter le basilic et saler. Poursuivre doucement la cuisson jusqu'à ce que les légumes soient légèrement croquants.

2 Pendant ce temps, tailler le saumon frais en morceaux, les mélanger avec les dés de saumon fumé et les baies roses écrasées.

3 Mélanger la farine et une pincée de sel. Incorporer le beurre en l'émiettant avec les doigts pour réaliser un sable grossier. Répartir les légumes mijotés dans le fond d'un plat à gratin. Recouvrir des cubes de saumon, puis du crumble et enfourner 15 min jusqu'à ce que le crumble soit doré et croustillant. Servir bien chaud.

uniquement la Chermoula est bonne **

Tajine de sardines à la chermoula

pour 4 personnes prêt en 10 min cuisson 25 min

Pour la chermoula
1 gros bouquet de coriandre
4 gousses d'ail
½ cc de piment doux
1 cc de cumin
Le jus de 1 citron
4 cc d'huile d'olive

Pour le tajine
1 cc d'huile d'olive
1 oignon émincé
2 tomates coupées en dés
200 ml d'eau
12 sardines fraîches vidées et sans la tête
½ citron confit
40 g d'olives vertes dénoyautées

1 Rincer la coriandre et éplucher l'ail. Mixer tous les ingrédients de la chermoula ensemble pour obtenir une préparation homogène.

2 Mettre le plat à tajine à chauffer avec 1 cuillerée à café d'huile et y déposer l'oignon et les tomates. Laisser revenir 5 min en remuant puis ajouter l'eau et mélanger. Enduire les sardines de chermoula (ne pas hésiter à en glisser à l'intérieur des sardines) puis les déposer sur le mélange oignons-tomates.

3 Ajouter le citron confit coupé en dés, les olives et le restant de chermoula. Couvrir et laisser mijoter 20 min à feu modéré, sans remuer. Servir bien chaud.

Cannellonis de thon aux épinards

pour 4 personnes prêt en 15 min cuisson 30 min

1 bouquet de basilic
1 gros oignon
420 g de coulis de tomates nature
1 gousse d'ail
2 cc d'huile d'olive
100 g d'épinards hachés
100 g d'oseille
200 g de thon en conserve au naturel
12 cannellonis de 10 g chacun
1 CS de chapelure
Sel, poivre

1 Préchauffer le four à 210 °C (th. 7). Hacher le basilic. Éplucher et émincer l'oignon. En faire cuire la moitié à feu modéré, dans une petite casserole, pendant 5 min avec le coulis de tomates et la moitié du basilic. Saler, poivrer et réserver.

2 Éplucher et écraser l'ail. Le faire revenir avec le reste de l'oignon dans une poêle avec 1 cuillerée à café d'huile d'olive. Incorporer les épinards, l'oseille et le reste du basilic haché. Ajouter le thon égoutté, assaisonner et mélanger.

3 Farcir les cannellonis de cette préparation et les placer au fur et à mesure dans un plat à gratin légèrement huilé avec le reste d'huile. Napper de coulis de tomates, parsemer de chapelure et enfourner 25 min. Vérifier la cuisson des cannellonis en enfonçant la pointe d'un couteau.

Linguine aux fruits de mer

pour 4 personnes   prêt en 20 min   cuisson 20 min

900 g de moules entières (315 g décoquillées)
2 échalotes hachées
50 ml de vin blanc sec
1 gousse d'ail hachée
1 brin de persil
140 g de linguine crues
1 cc d'huile de tournesol
8 petites crevettes décortiquées (60 g)
10 ml de crème à 15 %
Quelques feuilles de basilic
Sel, poivre du moulin

1 Brosser et rincer les moules dans de l'eau froide. Dans une cocotte, faire suer les échalotes 2 min avec le vin blanc. Ajouter les moules, l'ail et le persil haché. Laisser cuire 3 à 4 min à couvert jusqu'à ce que les moules s'entrouvrent. Les décoquiller et les mettre dans un plat creux sous un couvercle. Filtrer le jus et en réserver 50 ml.

2 Porter de l'eau salée à ébullition, y cuire les pâtes 8 min. Pendant ce temps, mettre l'huile dans une sauteuse, y faire colorer les crevettes 2 min ; saler et poivrer. Les ajouter aux moules.

3 Dans une petite casserole, mélanger le jus de moule réservé avec la crème et faire réduire pendant 3 à 4 min. Verser sur les fruits de mer et mélanger. Égoutter les pâtes, les ajouter au centre du plat. Poivrer. Décorer avec quelques feuilles de basilic.

matin

Aubergines chèvre & miel

6 pts

pour 4 personnes prêt en 10 min cuisson 40 min

4 aubergines
3 cc d'huile d'olive
5 gousses d'ail
3 cc de miel
4 cc de sauce soja sucrée
2 cc d'eau
120 g de chèvre frais
12 tomates séchées
quelques branches de menthe
Sel, poivre

1 Laver les aubergines. Ôter la tête puis les couper en cubes. Verser l'huile dans la cocotte puis déposer les aubergines, les gousses d'ail en chemises, le miel, le soja, les baies de roses. Saler et poivrer puis remuer et laisser saisir 8 min sur feux vif en remuant.

2 Fermer la cocotte et laisser cuire sur feux très doux pendant 40 min. Laisser tiédir. Égoutter un peu le jus de cuisson pour servir et ajouter le fromage de chèvre émietté, les tomates séchées coupées en morceaux et la menthe hachée.

Soir

Bâtonnets de polenta aux petits pois

5 pb

pour 4 personnes **prêt en 10 min** **cuisson 20 min** **repos 20 min**

120 g de petits pois frais écossés
120 g de polenta
40 g de parmesan râpé
3 CS de ciboulette ciselée
1 cc d'huile d'olive
Sel, poivre

1 Cuire les petits pois 5 min dans de l'eau bouillante salée. Les égoutter puis les plonger immédiatement dans de l'eau très froide pour stopper la cuisson. Les égoutter à nouveau, puis les écraser grossièrement à la fourchette.

2 Faire bouillir 500 ml d'eau dans une casserole. Ajouter la polenta en pluie et cuire, sans cesser de tourner, le temps indiqué sur le paquet. Retirer du feu. Incorporer le parmesan, les petits pois et la ciboulette. Mélanger. Saler et poivrer.

3 Étaler la polenta sur une feuille de papier sulfurisé en forme de rectangle et sur une épaisseur d'environ 1 cm. Lisser la surface à l'aide du dos d'une cuillère légèrement mouillée. Laisser refroidir complètement.

4 Lorsque la polenta est froide, la couper en bâtonnets. Faire revenir ces derniers dans une poêle avec l'huile, à feu moyen, en les retournant pour qu'ils dorent sur chaque face. Égoutter sur du papier absorbant et servir chaud.

Soir

Tofu aux légumes sautés

2 pts

pour 4 personnes **prêt en 15 min** **cuisson 10 min**

160 g de tofu ferme
1 portion de mini-épis de maïs
1 oignon
150 g de champignons de Paris
150 g de germes de soja
2 cc d'huile de tournesol
1 CS de sauce soja salée
1 CS de crème de soja
1 cc de coriandre fraîche
1 pincée de poivre

1 Couper le tofu en petits cubes. Égoutter les mini-maïs. Peler et émincer l'oignon en lamelles. Rincer, éponger et émincer les champignons. Rincer les germes de soja, les faire pocher 1 min dans de l'eau bouillante puis les égoutter, les rafraîchir et les éponger.

2 Chauffer la moitié de l'huile dans une sauteuse antiadhésive, y faire revenir l'oignon et les germes de soja 3 min, tout en remuant. Réserver dans un récipient.

3 Chauffer le reste d'huile dans la même sauteuse. Y saisir les champignons 1 min, arroser de sauce soja, incorporer le tofu puis la préparation précédente, bien remuer. Continuer la cuisson 2 min, à feu doux tout en mélangeant. Ajouter la crème de soja et les mini-maïs, couvrir et poursuivre la cuisson 3 min.

4 Répartir la préparation dans 2 bols ou assiettes, rectifier l'assaisonnement en sel avec la sauce soja, donner un tour de moulin à poivre et parsemer de coriandre ciselée.

Soir

Tempeh sauté, petits légumes et cacahuètes

pour 4 personnes   prêt en 25 min   cuisson 25 min

7pts

300 g de pommes de terre nouvelles de petit calibre (petites rattes, Noirmoutiers, grenailles)
300 g de carottes fanes (sans les fanes)
20 g de gingembre frais
200 g de navets fanes (sans les fanes)
3 oignons tiges
150 g de pois gourmands
½ CS de fécule de maïs
50 ml de sauce soja salée
200 g de tempeh
1 CS d'huile combinée
1 gousse d'ail
32 g de cacahuètes salées grillées

1 Laver et couper les pommes de terre en deux ou en quatre selon leur taille. Les mettre dans un récipient adapté au four à micro-ondes avec 80 ml d'eau salée. Couvrir et faire cuire pendant 5 min à puissance maximum. Mélanger à mi-cuisson. Vérifier que les pommes de terre sont presque cuites.

2 Éplucher les carottes et le gingembre. Détailler les carottes et les navets en petits bâtonnets et le gingembre en très fine julienne. Émincer les oignons et leur tige. Couper les pois gourmands en trois.

3 Délayer la fécule de maïs dans la sauce soja et 150 mld'eau. Découper le tempeh en tranches. Faire chauffer 1 cuillerée à café d'huile dans un wok antiadhésif. Y fairedorer les tranches de tempeh avec les cacahuètes pendant 2 à 3 min. Retirer du wok et réserver au chaud.

4 Faire sauter au fur et à mesure les légumes avec le reste d'huile, à feu moyen/vif, pendant 2 ou 3 min : les carottes avec le gingembre ; les navets, les oignons,les pois gourmands avec 50 ml d'eau puis quand l'eau est évaporée, les pommes de terre.

5 Remettre tous les légumes et l'ail pressé dans le wok puis verser la sauce soja allongée. Laisser cuire à feu doux pendant 5 min. Vérifier que la sauce a épaissi et que les légumes sont croquants mais cuits. Servir chaud avec le tempeh et les cacahuètes.

Mijotée de pois chiches aux épinards

pour 4 personnes prêt en 20 min cuisson 1H15 min repos 12H

1 gros oignon
2 gousses d'ail
1 CS d'huile d'olive
2 branches de thym
1 feuille de laurier
1 branche de sarriette
500 g d'épinards frais
250 g de pois chiches cuits en conserve
400 g de tomates cerise
300 ml d'eau
200 g de tofu ferme
Sel et poivre

1 Éplucher et émincer l'oignon et l'ail. Les faire revenir dans une cocotte dans l'huile bien chaude, avec les feuilles de thym, la branche de laurier et la branche de sarriette, jusqu'à ce qu'ils soient dorés. Ajouter les épinards. Saler, poivrer et laisser « tomber » les épinards pendant 6-7 min en mélangeant de temps en temps.

2 Égoutter les pois chiches et les incorporer aux épinards, ainsi que les tomates cerise. Arroser de 300 ml d'eau, couvrir et laisser mijoter 25 min. Ajouter un peu d'eau pendant la cuisson si nécessaire.

3 Pendant ce temps, couper le tofu en dés. Le verser dans la cocotte 5 min avant la fin de la cuisson. Servir de suite.

Accompagnement

Carottes sautées aux épices à pain d'épices

pour 4 personnes **prêt en 20 min** **cuisson 33 min** **repos 30 min** (2pts)

20 g de raisins secs
800 g de carottes
1 CS d'huile d'olive
2 cc de sirop d'agave
2 cc d'épices à pain d'épices
3 CS de persil ciselé
Fleur de sel

1 Disposer les raisins secs dans un bol et les couvrir d'eau chaude. Les laisser se réhydrater pendant 30 min. Éplucher, laver et sécher les carottes. Les détailler en petits bâtonnets. Égoutter les raisins.

2 Faire chauffer une grande poêle antiadhésive, y mettre l'huile puis ajouter les carottes. Mélanger puis ajouter les raisins, le sirop d'agave et les épices à pain d'épices. Mélanger à nouveau, couvrir la poêle et laisser cuire doucement pendant 20 min en mélangeant de temps en temps.

3 Effeuiller et hacher le persil. Retirer le couvercle et faire caraméliser les carottes à feu vif pendant 10 min en mélangeant sans cesse. Saler à la fleur de sel. Servir chaud parsemé de persil ciselé.

Tian provençal à la mozzarella

pour 4 personnes prêt en 20 min cuisson 47 min repos 15 min

1 boule de mozzarella (125 g)
1 gros oignon blanc
3 cc d'huile d'olive
1 pomme de terre (200 g)
2 gousses d'ail
100 ml de vin blanc sec
1 courgette (300 g)
1 petite aubergine allongée (350 g)
3 tomates moyennes (400 g)
1 cc de fleurs de thym
Sel, poivre

1. Préchauffer le four à 180 °C (th. 6). Couper la mozzarella en tranches. Peler et détailler l'oignon en rondelles et les faire revenir 2 min dans une sauteuse avec 1 cuillerée à café d'huile. Saler et poivrer. Peler la pomme de terre et la couper en très fines rondelles à l'aide d'une mandoline.

2. Frotter un plat à gratin antiadhésif d'une contenance de 1,5 litre avec 1 gousse d'ail, le badigeonner d'1 cuillerée à café d'huile. Y répartir les lamelles d'oignon puis de pomme de terre. Arroser de vin blanc. Hacher l'ail restant et le répartir dans le plat.

3. Rincer les légumes : peler la courgette (en la rayant), la couper en rondelles de 4 mm d'épaisseur. Détailler l'aubergine et les tomates en tranches de même épaisseur. Ranger les tranches de légumes et de mozzarella dans le plat en les disposant en biais et en les serrant bien. Saler, poivrer et parsemer de thym.

4. Badigeonner avec le restant d'huile. Recouvrir d'une feuille de papier d'aluminium et enfourner 25 min. Enlever le papier d'aluminium, poursuivre la cuisson 20 min : arroser d'un peu d'eau si nécessaire. Laisser reposer 15 min dans le four éteint avant de servir.

Accompagnement

Flan de carottes au curry et coriandre

pour 4 personnes **prêt en 15 min** **cuisson 32 min** (2 pts)

1 oignon doux
800 g de carottes
150 ml de lait écrémé
2 œufs moyens
1 cc de fécule de maïs
1 cc de curry
1 cc de coriandre hachée
2 cc de beurre
Sel, poivre

1 Peler puis couper l'oignon en 4 morceaux. Peler et rincer les carottes, les couper en 2 ou en 3. Mettre les légumes dans le panier d'un autocuiseur, verser un verre d'eau, fermer hermétiquement et cuire 7 min à partir de la mise en rotation de la soupape. Égoutter les légumes et les déposer dans un saladier. Ajouter le lait et 1 pincée de sel et réduire le tout en purée.

2 Préchauffer le four à 200 °C (th. 6-7). Dans un saladier, fouetter les œufs avec la fécule de maïs. Incorporer la purée, saupoudrer de curry et de coriandre tout en mélangeant.

3 Beurrer un plat allant au four, verser la préparation, puis enfourner dans un bain-marie pour environ 25 min.

goûter

Muffins aux petits pois

(4pts)

pour 4 personnes prêt en 10 min cuisson 20 min

60 g de bacon
80 g de farine
1 sachet de levure chimique
½ cc de thym
1 citron non traité (pour le zeste)
1 blanc d'œuf
80 g de yaourt à 0 %
4 cc d'huile d'olive
90 g de petits pois cuits
Sel, poivre

1 Préchauffer le four à 175 °C (th. 5-6). Détailler les tranches de bacon en dés. Verser la farine et la levure dans un saladier. Saler, poivrer, parsemer de thym et râper le zeste de citron.

2 Faire un trou au centre de la farine et verser le blanc d'œuf, le yaourt et l'huile. Travailler rapidement. Quand la pâte est presque homogène, incorporer les petits pois et les dés de bacon. Ne pas trop travailler la pâte. Verser la pâte dans des moules à muffin ou caissettes à cupcake. Enfourner et laisser cuire 15 à 20 min.

Poêlée de fèves aux copeaux de parmesan

pour 4 personnes   prêt en 15 min   cuisson 5 min

1 petite botte de radis (environ 300 g sans les fanes)
350 g de tomates cerise fermes
2 cc d'huile d'olive
360 g de fèves pelées décongelées ou fraîches et précuites
1 belle gousse d'ail
2 CS d'un mélange d'herbes aromatiques (thym frais, ciboulette, estragon, basilic)
80 g de parmesan
Sel, poivre

1 Nettoyer les radis et les couper en deux ou en quatre selon leur taille. Couper les tomates cerise en deux. Faire chauffer l'huile dans un wok antiadhésif. Y faire sauter les radis à feu moyen pendant 1 à 2 min puis ajouter les fèves, les tomates et l'ail écrasé.

2 Poursuivre la cuisson, en faisant « sauter » régulièrement les légumes pendant 2 min. Saler et poivrer à mi-cuisson.

3 Répartir les légumes dans 4 assiettes, parsemer d'herbes hachées et de copeaux de parmesan (prélevés au couteau ou à l'économe) et servir.

SoiR

Quinoa aux champignons façon risotto

pour 4 personnes   prêt en 15 min   cuisson 25 min (5 pts)

1 échalote
1 oignon blanc (50 g)
½ citron jaune non traité
400 ml d'eau
1 petite boîte de champignons de Paris émincés (115 g)
140 g de quinoa cru
1 cc de beurre doux
75 ml de vin blanc sec
4 CS de crème à 15 %
2 CS de persil haché
Sel, poivre du moulin

1 Peler et hacher l'échalote puis l'oignon. Prélever le zeste du citron puis le presser. Mettre le zeste et le jus de citron dans un pichet avec l'eau chaude et une pincée de sel. Égoutter et rincer les champignons. Rincer le quinoa à travers un chinois.

2 Chauffer le beurre dans une petite sauteuse antiadhésive, y faire suer l'échalote et l'oignon 2 min à feu doux. Ajouter le quinoa, arroser de vin blanc et remuer jusqu'à évaporation du liquide. Incorporer les champignons. Verser l'eau aromatisée en plusieurs fois comme pour un risotto classique : dès que le quinoa a absorbé le liquide, remettre de l'eau. Cuire 20 min, à feu moyen puis doux, tout en remuant de temps en temps.

3 Lorsque le quinoa est cuit et que tout le liquide est évaporé, incorporer la crème et le persil. Rectifier l'assaisonnement en sel et poivrer. Réserver sous un couvercle en attendant de servir.

goûter

Crêpes croustillantes au cumin, caviar d'aubergines

pour 4 personnes **prêt en 30 min** **cuisson 45 min** (4pt)

100 g de farine de maïs
200 ml d'eau
2 cc de cumin en poudre
3 aubergines
1 cc d'huile d'olive
1 CS de graines de coriandre
½ bouquet de coriandre
2 cc d'huile de sésame torréfiée
Sel, poivre

1 Mélanger la farine avec l'eau salée et le cumin afin d'obtenir une pâte. Réserver.

2 Envelopper les aubergines séparément dans une feuille de papier aluminium. Glisser une plaque en position basse du four et une grille au milieu du four. Poser les papillotes d'aubergines sur la grille. Mettre le four à 225 °C (th. 7 - 8) en position chaleur tournante ou à 250 °C (th. 8) en convection naturelle. Faire cuire les aubergines pendant environ 40 min en retournant régulièrement. Laisser refroidir dans le four pendant 30 min.

3 Pendant la cuisson des aubergines et quand le four est chaud, déposer un plat à tarte en métal antiadhésif enduit d'huile d'olive sur la plaque et laisser chauffer pendant 3 à 4 min. Y verser le quart de la pâte en inclinant le plat pour l'étaler. Faire cuire pendant 4 à 5 min : la crêpe doit être craquante. Réaliser ainsi les 3 autres crêpes puis les réserver.

4 Sortir les aubergines de leur papier d'aluminium, les ouvrir et prélever leur chair. La mettre à égoutter pendant 15 min puis la mixer avec les graines et les feuilles de coriandre. Saler, poivrer et ajouter l'huile de sésame. Réserver au froid. Servir avec les crêpes.

Pizza au chèvre frais et aux figues

pour 4 personnes **prêt en 10 min** **cuisson 15 min**

4 petites figues fraîches
120 g de chèvre frais
1 pâte à pizza fine de 180 g
4 CS de coulis de tomates nature
1 branche de thym frais
Poivre

1 Préchauffer le four à 240 °C (th. 8). Rincer et éponger les figues, puis les couper en lamelles. Émietter le chèvre.

2 Dérouler la pâte à pizza sur le plan de travail et la couper en 4 parts. Étaler le coulis de tomates sur chaque part de pâte et déposer les figues en rosace. Répartir le fromage de chèvre frais et émietter le thym. Poivrer.

3 Enfourner les pizzas pour 12-15 min de cuisson. Les sortir du four et les servir de suite.

Gnocchi

pour 4 personnes **prêt en 30 min** **cuisson 15 min** **repos 20 min**

500 ml de lait écrémé
1 pincée de muscade
100 g de semoule fine
60 g de gruyère râpé
480 g de coulis de tomate nature
1 cc d'herbes de Provence
Sel, poivre

1 Dans une casserole, chauffer le lait salé avec la muscade. Jeter la semoule en pluie et cuire 10 min à feu doux, en remuant. Hors du feu, ajouter 40 g de gruyère râpé et laisser refroidir la préparation

2 Préchauffer le four à 180 °C (th. 6). Dans une petite casserole, chauffer à feu doux le coulis et les herbes de Provence ; poivrer, saler peu.

3 Avec la paume des mains, confectionner des boulettes de semoule. Les disposer dans un plat à four. Couvrir de sauce tomate et saupoudrer le gruyère restant. Passer au four et servir dès que le fromage a fondu.

Pasta alla norma

Soir

pour 4 personnes prêt en 15 min cuisson 22 min repos 10 min

5p5

30 g de macaronis
1 petite aubergine
1 cc d'huile d'olive
2 tomates
1 gousse d'ail
100 ml d'eau
12 cc de vin rouge
15 g de gruyère râpé allégé
1 cc de basilic ciselé
Sel (gros et fin), poivre

1. Porter une grande quantité d'eau à ébullition, y faire cuire les pâtes 8 min. Égoutter et réserver au chaud.

2. Couper l'aubergine en tranches, les saupoudrer de gros sel et les laisser dégorger 10 min. Enlever l'excédent de sel, les éponger avec du papier absorbant puis les faire dorer dans une poêle antiadhésive avec l'huile pendant 4 min. Réserver au chaud.

3. Couper les tomates en morceaux, émincer l'ail, faire étuver le tout dans une petite sauteuse. Mouiller avec l'eau, le vin et poivrer. Porter à ébullition et faire cuire 10 min à feu doux.

4. Dans un plat creux, mélanger les pâtes, les aubergines et la sauce. Parsemer de gruyère râpé et de basilic ciselé. Déguster de suite.

Couscous aux légumineuses

pour 6 personnes   prêt en 5 min   cuisson 15 min   repos 5 min

150 g de fèves fraîches
400 g de pois chiches cuits au naturel
5 cc d'huile d'olive
250 g de semoule à couscous
1 cc de cumin
250 ml d'eau
100 g de petits pois surgelés
5 cc de beurre
Sel, poivre du moulin

1 Porter à ébullition une casserole d'eau salée. Plonger les fèves dans l'eau bouillante. Cuire 5 min à frémissement à partir de la reprise de l'ébullition. Égoutter et rafraîchir immédiatement sous l'eau bien froide. Peler les fèves en les débarrassant de leur robe. Rincer les pois chiches sous l'eau froide et les égoutter.

2 Mettre l'huile dans une sauteuse antiadhésive et faire blondir la semoule de couscous à feu doux. Saler, poivrer, ajouter le cumin et mélanger. Verser l'eau, ajouter les fèves et les petits pois. Faire cuire à feu très doux jusqu'à ce que le liquide soit absorbé.

3 Ajouter les pois chiches et mélanger. Laisser reposer 5 min à couvert hors du feu, puis ajouter le beurre et mélanger encore. Mettre le couscous dans un plat creux et servir aussitôt.

Wok de lentilles corail

(1 pt) Soir

pour 4 personnes   prêt en 15 min   cuisson 35 min

600 g de lentilles corail cuites
2 belles tomates
2 cm de gingembre frais
½ botte de coriandre
1 gousse d'ail
1 CS d'huile d'olive
3 yaourts nature à 0 %
1 cc de cumin en poudre
1 cc de graines de cumin
Sel, poivre

1 Rincer puis bien égoutter les lentilles. Plonger les tomates 1 min dans de l'eau bouillante plus les peler. Peler et râper le gingembre, rincer la coriandre et la ciseler finement. Hacher l'ail.

2 Chauffer un wok (ou une grande sauteuse) à feu moyen, faire revenir les lentilles avec l'huile pendant 2 min. Ajouter les tomates, l'ail, le gingembre et arroser avec un peu d'eau. Ajouter la coriandre, mélanger et cuire à feu doux pendant 30 min en remuant régulièrement et en ajoutant un peu d'eau si nécessaire.

3 Brasser les yaourts avec 1 pincée de sel, du poivre et le cumin. Servir les lentilles avec la sauce au yaourt et décorer de quelques graines de cumin.

Sorbet à la pastèque

pour 4 personnes   prêt en 35 min

800 g de chair de pastèque sans peau, sans pépins
2 CS d'eau de fleur d'oranger
1 cc de sirop d'agave

1 Mixer la chair de pastèque avec la fleur d'oranger et le sirop d'agave. Déposer le mélange en sorbetière et laisser turbiner 20 min avant de déguster.

Minestrone de fruits exotiques

pour 6 personnes prêt en 15 min cuisson 15 min (1pt)

1 citron vert
100 ml d'eau de noix de coco
1 gousse de vanille
¼ cc de mélange quatre épices
1 kiwi
1 ananas Victoria
1 petite mangue
1 fruit de la passion
1 CS de menthe fraîche ciselée
6 tuiles aux amandes

1 Laver le citron vert, prélever le zeste puis le presser. Dans une cocotte, porter à ébullition 150 ml d'eau, le jus et le zeste du citron, l'eau de noix de coco, la gousse de vanille fendue en 2 grattée et le mélange quatre épices.

2 Peler le kiwi, l'ananas et la mangue, les découper en fines tranches puis en petits dés. Les ajouter délicatement au jus infusé et cuire à feu doux 10 min.

3 Couper le fruit de la passion en 2 et le mélanger aux fruits exotiques. Parsemer de menthe ciselée et déguster avec des tuiles aux amandes.

Abricots poêlés au romarin et espuma au pralin

pour 4 personnes **prêt en 15 min** **cuisson 5 min** **repos 10 min**

150 ml de lait écrémé
1 CS de pralin
(rayon aides à la pâtisserie)
8 abricots bien mûrs (frais ou surgelés)
1 cc de miel liquide
1 belle branche de romarin frais

1 Faire chauffer le lait dans une casserole. Hors du feu, ajouter le pralin (en garder une pincée pour la décoration) et laisser infuser environ 10 min.

2 Laver et dénoyauter les abricots. Les tailler en quartiers réguliers. Dans une poêle antiadhésive sans matière grasse, les faire dorer à feu vif avec le miel et le romarin finement ciselé. Laisser tiédir puis répartir dans 4 coupes.

3 Fouetter le lait au pralin avec un mixeur à pied ou au blender pour obtenir une mousse légère. Recueillir la mousse de pralin avec une cuillère et la répartir sur 1 coupe ; répéter l'opération pour les 3 autres coupes. Saupoudrer légèrement le pralin restant et déguster aussitôt.

Cocotte pommes & cerises

pour 4 personnes   prêt en 15 min   cuisson 14 min   repos 30 min

5 pts

2 pommes
40 g de pain d'épices
4 pots de petit suisse à 0 %
4 cc de sucre vanillé
3 cc de beurre
100 g de griottes dénoyautées nature surgelées

1 Peler les pommes, enlever le cœur à l'aide d'un vide-pomme puis les couper en gros dés. Couper les tranches de pain d'épices en dés. Égoutter les petits suisses, les renverser un par un au centre de 4 mini-cocottes. Les saupoudrer avec 1 cuillerée à café de sucre vanillé.

2 Faire fondre 1 cuillerée à café de beurre dans une petite sauteuse antiadhésive, y faire revenir les dés de pain d'épices 2 min, à feu doux, tout en remuant. Réserver. Ajouter 2 cuillerées à café de beurre dans la sauteuse, y cuire les dés de pommes 5 min, à feu doux. Saupoudrer de 3 cuillerées à café de sucre vanillé. Ajouter les griottes surgelées, cuire 4 min de plus, à feu doux, tout en remuant. Arroser de 50 ml d'eau, poursuivre la cuisson 2-3 min, jusqu'à évaporation du liquide.

3 Répartir la garniture de fruits et les dés de pain d'épices autour des petits suisses. Poser le couvercle et réserver au frais 30 min avant de déguster.

Compotée de fruits d'automne

pour 4 personnes prêt en 10 min cuisson 25 min

2 pommes
1 poire
6 abricots secs
1 gousse de vanille
½ cc de zestes de citron jaune
30 g de chocolat noir
à 40 % de cacao minimum

1 Peler, épépiner et couper la pomme en dés et la poire en lamelles. Tailler les abricots en lamelles épaisses. Fendre la gousse de vanille en 2 et gratter les graines. Déposer le tout dans une petite cocotte avec les zestes de citron jaune.

2 Chauffer à feu vif pendant 3 min en mélangeant régulièrement. Ajouter 6 cuillerées à soupe d'eau, couvrir et faire cuire à feu très doux pendant 15 min en mélangeant régulièrement. Ôter le couvercle, mélanger délicatement et prolonger la cuisson de 10 min.

3 Pendant ce temps, tailler les carrés de chocolat en pépites irrégulières. À la fin de la cuisson, répartir la compotée dans 4 coupelles, parsemer les pépites de chocolat par-dessus et servir tiède.

Mousse de soja aux framboises

pour 4 personnes **prêt en 10 min** **repos 2H**

140 g de framboises
160 g d'entremets au soja nature
4 blancs d'œufs
1 sachet de sucre vanillé

1. Rincer les framboises et les égoutter. Les mixer avec l'entremets au soja.

2. Dans un saladier, monter les blancs en neige ferme en ajoutant progressivement le sucre dès qu'ils commencent à monter. Les incorporer délicatement à la préparation. Répartir la mousse dans des verrines. Réserver au frais jusqu'au moment de servir.

Petites mousses choco-menthe

4 pts

pour 6 personnes   prêt en 15 min   repos 12h (se prépare la veille)

90 g de chocolat noir à pâtissier 40 %
1 grosse poignée de feuilles de menthe (environ 25)
200 g de tofu soyeux
1 CS de sirop d'agave
2 blancs d'œufs

1. Casser le chocolat en carrés et les faire fondre au bain-marie ou four à micro-ondes 1 min 30 (500 W).

2. Laver les feuilles de menthe, en réserver 6 petites pour la décoration.

3. Déposer le tofu soyeux égoutté dans le bol d'un blender. Ajouter les feuilles de menthe, le sirop d'agave et le chocolat fondu. Mixer pendant 4 min.

4. Pendant ce temps, monter les blancs en neige ferme. Verser par-dessus la préparation au chocolat, mélanger très délicatement avec une spatule. Il ne doit pas rester de blancs en neige.

5. Répartir dans 6 petites verrines. Mettre au frais pour environ 12 heures. Au moment de servir, déposer une petite feuille de menthe sur chaque verrine.

Petites crèmes expresso

4pts

pour 6 personnes **prêt en 10 min** **cuisson 25 min** **repos 2h**

2 œufs
2 CS de sucre roux
400 ml de lait demi-écrémé
2 CS de café soluble expresso
40 g de pain d'épices

1 Préchauffer le four à 160 °C (th. 5-6). Casser les œufs dans un saladier. Battre avec le sucre jusqu'à ce que le mélange soit homogène et mousseux. Faire bouillir le lait. Hors du feu, incorporer le café soluble et verser sur les œufs fouettés. Bien mélanger.

2 Filtrer la crème dans un chinois et répartir dans 4 mini-cocottes. Les déposer dans la lèchefrite remplie d'eau. Faire cuire au bain-marie pendant 25 min. Passé ce temps, laisser les cocottes encore 10 min dans le four éteint.

3 Sortir du four, laisser refroidir, puis placer au réfrigérateur au moins 2 h. Déguster bien frais, accompagné du pain d'épices coupé en bâtonnets.

Flan choco-cerise

4pt

pour 4 personnes   prêt en 15 min   cuisson 23 min   repos 2h

3 œufs
6 cc de sucre en poudre
1 pincée de vanille en poudre
1 cc de fécule de maïs
250 ml de lait écrémé
20 cerises fraîches
1 barre de chocolat de couverture (20 g)
1 CS de kirsch

1 Préchauffer le four à 180 °C (th. 6). Casser les œufs dans un saladier. Tamiser le sucre, la vanille et la fécule de maïs, verser sur les œufs et fouetter vivement. Délayer avec le lait tout en mélangeant. Répartir la préparation dans 4 ramequins en verre culinaire de 9 cm de diamètre (contenance de 150 ml). Les mettre dans un bain-marie d'eau tiède. Enfourner 22 min.

2 Rincer, éponger, équeuter et dénoyauter les cerises. Lorsque les flans sont cuits, répartir les cerises à la surface. Prélever des copeaux dans le chocolat à l'aide d'un couteau économe, les mettre dans une tasse avec le kirsch. Chauffer 1 min au four à micro-ondes (300 W) par tranche de 15 sec en mélangeant à chaque fois. Mélanger et verser en filet sur les cerises sans les recouvrir complètement. Laisser tiédir les ramequins puis les réserver 2 h au frais avant de déguster.

Cheesecake fraises-framboises

pour 2 personnes prêt en 20 min cuisson 5 min repos 2h

6 boudoirs taillés à 8 cm (24 g)
150 g de framboises fraîches ou surgelées
2 sachets de 2 g d'agar-agar (4 g)
2 faisselles à 0 %
1 cc de sucre en poudre vanillé
2 cc de sucre en poudre
100 ml de lait écrémé
150 g de fraises

1 Prendre 2 cadres à pâtisserie carrés en inox de 8 cm de côté et 3 cm de haut. Placer 3 boudoirs côte à côte, déposer un cadre dessus et appuyer pour trancher les biscuits à la bonne taille. Couper ainsi les 3 autres boudoirs (réserver les chutes pour un autre usage).

2 Déposer les cadres au centre de 2 assiettes à dessert. Placer 3 boudoirs au fond. Mixer 150 g de framboises. Verser le jus dans une petite casserole en le filtrant. Porter à ébullition, ajouter 2 g d'agar-agar dilué dans une demi-tasse d'eau (50 ml). Faire bouillonner 1 min tout en remuant. Verser sur les biscuits de façon à juste les recouvrir. Réserver les assiettes au frais.

3 Dans un récipient, mélanger les faisselles égouttées avec le sucre et le sucre vanillé. Dans une petite casserole, porter le lait à ébullition, ajouter l'agar-agar restant dilué dans 5 cuillerées à soupe d'eau et faire bouillonner 1 min à peine en remuant. Verser sur la faisselle et mélanger. Répartir la préparation dans les cadres, lisser avec le dos d'une cuillère à café : bien aller dans les coins. Réserver 2 h au frais.

4 Au moment de servir, enlever délicatement les cadres. Équeuter 60 g de fraises, les couper en deux si elles sont petites ou en lamelles si elles sont plus grosses puis les disposer joliment sur le dessus. Accompagner avec le reste de fraises.

Quiches sans pâte aux pommes et au caramel

pour 6 personnes **prêt en 15 min** **cuisson 15 min** **repos 15 min**

- **3 petites pommes (120 g chacune)**
- **2 œufs**
- **2 cc de sucre en poudre**
- **1 CS de farine**
- **2 CS de fécule de maïs**
- **200 g de lait ½ écrémé concentré non sucré**
- **2 cc de beurre demi-sel**
- **42 g de caramels mous**

1 Préchauffer le four à 180 °C (th. 6). Peler les pommes et enlever le trognon à l'aide d'un vide-pomme. Les couper en 2 puis en lamelles.

2 Fouetter les œufs, le sucre en poudre, la farine et la fécule de maïs dans un récipient. Diluer avec le lait concentré puis fouetter jusqu'à obtenir une préparation homogène.

3 Beurrer 6 moules à tartelette antiadhésifs de 11 cm de diamètre (100 ml de contenance). Répartir les morceaux de pomme dans les moules et verser par-dessus la préparation au lait concentré. Couper chaque caramel de façon à en répartir 3 morceaux sur le dessus de chaque mini-quiche.

4 Enfourner les moules pour 15 min de cuisson puis réserver 10 min dans le four éteint. Laisser tiédir 5 min et démouler sur une grille. Déguster tiède ou à température ambiante.

Pudding aux abricots et aux pruneaux

pour 4 personnes prêt en 15 min cuisson 40 min repos 12h

6 abricots frais
4 pruneaux moyens
1 ½ cc de miel
1 cc de cannelle en poudre
6 petits suisses à 0 %
2 œufs
2 CS de lait écrémé en poudre
1 sachet de sucre vanillé
4 tranches de pain brioché
1 petite orange non traitée

1 Préchauffer le four à 160 °C (th 5-6). Laver, dénoyauter et couper en 2 les abricots. Émincer les pruneaux en fines lamelles. Verser 50 ml d'eau, les fruits et le miel dans une casserole, saupoudrer de cannelle. Cuire à feu doux 10 min.

2 Dans un saladier, battre les petits suisses avec les œufs, le lait écrémé en poudre dilué dans 100 ml d'eau et le sucre vanillé.

3 Répartir les tranches de pain brioché en morceaux dans une cocotte allant au four. Ajouter la compote de fruits et verser harmonieusement la crème. À l'aide d'un zesteur, râper le quart de l'orange au-dessus de la cocotte. Cuire au bain-marie 35 min. Laisser reposer 1 nuit et déguster en décorant de fines tranches d'orange.

Muffins au chocolat

3 pts

pour 12 muffins   prêt en 10 min   cuisson 8 min

100 g de chocolat noir
à 40% de cacao minimum
1 CS d'eau
75 g de compote de pommes allégée
2 œufs
20 g de farine
20 g de fécule de maïs

1 Préchauffer le four à 240 degrés (th. 8). Faire fondre le chocolat au four à micro-ondes dans un récipient adapté (puissance maximale) avec une cuillerée à soupe d'eau pendant 40 s. Lisser le chocolat, ajouter la compote et remettre 30 s au micro-ondes.

2 Incorporer les œufs, fouetter puis ajouter la farine et la fécule de maïs. Mélanger pour obtenir une préparation bien lisse. Verser dans des moules à muffins en silicone. Mettre au four 6 min.

Bavarois de fromage blanc à la vanille

ur 6 personnes **prêt en 30 min** **repos 8 h**

0 g de fromage blanc 0 %
itron non traité
feuilles de gélatine
gousses de vanille
g de lait écrémé
S de sucre
lancs d'oeufs

1 Laisser le fromage blanc à température ambiante au moins 30 min avant de commencer la recette.

2 Râper le zeste d'un citron sur le fromage blanc.

3 Tremper la gélatine dans de l'eau froide. Fendre les gousses de vanille en deux et gratter les grains. Porter le lait à ébullition et laisser infuser avec la vanille. Enlever les gousses et chauffer le lait pour dissoudre la gélatine bien égouttée et le sucre. Laisser refroidir.

4 Battre les blancs d'oeufs en neige. Dès que le lait est froid et encore liquide, incorporer au fromage blanc. Alléger l'appareil avec les blancs en neige. Mouler et laisser refroidir quelques heures, de préférence une nuit complète.

Cake aux mirabelles

6pt

pour 8 personnes **prêt en 20 min** **cuisson 35 min**

300 g de mirabelles fraîches ou surgelées
180 g de farine
1 sachet de levure chimique
1 pincée de sel
3 œufs
120 g de sucre
150 g de fromage blanc nature à 0 %

1 Préchauffer le four à 200 °C (th. 6-7). Rincer et dénoyauter les mirabelles fraîches ou les dégeler et bien les sécher si elles sont surgelées. Les mélanger avec la farine, la levure et la pincée de sel.

2 Dans un saladier, fouetter les œufs avec 3 CS de sucre jusqu'à ce que la préparation devienne mousseuse. Incorporer le fromage blanc et le reste du sucre, bien mélanger puis ajouter la farine mélangée aux mirabelles. Remuer sans excès.

3 Verser la pâte dans un moule à cake antiadhésif d'une contenance d'1 litre jusqu'aux trois-quarts. Enfourner 35 min. Baisser le thermostat à 180 °C (th. 6) après 5 min de cuisson. Vérifier la cuisson du cake avec la pointe d'un couteau qui doit ressortir sèche. Démouler 10 min après la sortie du four et laisser refroidir avant de couper en tranches.

Merveilles légères

(6 pts)

pour 4 personnes **prêt en 15 min** **cuisson 5 min** **repos 1h**

15 g de beurre doux
25 g de sucre glace
Sel
1 blanc d'œuf
70 g de farine
4 g de levure chimique
1 CS d'huile
1 pincée de sel

1 Préparer la pâte. Mélanger le beurre avec 15 g de sucre glace et une pincée de sel jusqu'à obtenir une crème puis ajouter le blanc d'œuf. Incorporer ensuite la farine et la levure chimique. Mélanger sans excès jusqu'à obtenir une pâte homogène. Envelopper de film alimentaire et réserver 1 h au moins au frais.

2 Étaler la pâte sur 3 à 4 mm d'épaisseur. Découper 8 à 12 morceaux et les inciser au centre. Faire chauffer une grande poêle avec environ 100 ml d'eau et l'huile. L'eau doit affleurer de quelques millimètres. Quand l'eau est à ébullition, faire pocher les morceaux de pâte. Laisser cuire pendant 1 min puis les retourner et poursuivre la cuisson à feu vif.

3 Quand l'eau a disparu, réduire le feu et poursuivre la cuisson de façon à bien dorer (et sécher) les merveilles sur les 2 faces. Sortir les merveilles et les saupoudrer avec le sucre glace restant.

Pizza aux fruits rouges

4 pts

pour 8 personnes prêt en 10 min cuisson 20 min

75 g de fromage frais à 0 %
3 CS de lait écrémé
3 sachets de sucre vanillé
1 pâte à pizza fine (environ 230 g)
200 g de fruits rouges frais ou surgelés

1 Préchauffer le four à 200 °C (th. 6-7). Dans un saladier, mélanger au fouet le fromage frais, le lait écrémé et 1 sachet de sucre vanillé.

2 Dérouler la pâte à pizza sur la plaque du four en gardant la feuille de cuisson. Piquer la pâte avec une fourchette. Étaler dessus la préparation au fromage frais avec le dos d'une cuillère, jusqu'à 3 cm du bord. Répartir les fruits rouges frais ou encore surgelés sur la pizza. Saupoudrer les 2 sachets restants de sucre vanillé.

3 Faire cuire 10 min, puis baisser le thermostat à 180 °C (th. 6) et prolonger la cuisson de 10 min. Laisser tiédir avant de servir.

= Méditerranéen

TABLE DES RECETTES

TABLE DES RECETTES

Il y a forcément une solution WW qui vous convient !

Digital + Studio :
accès libre aux **Ateliers WW hebdomadaires,** au site ww.com et à l'appli WW

Digital : en toute autonomie sur le site ww.com et l'appli WW

À la carte :
- **Uniquement en Studio WW**
- **Chez Vous** (www.WWboutique.fr)
- En tête-à-tête **avec votre Coach Wellness** (entretien individuel)
- Lors d'**ateliers en entreprises** organisés par WW

Plus d'informations au
0 969 320 333
(appel non surtaxé)
et sur ww.com

58, rue Jean Bleuzen
92178 Vanves Cedex

Photographies : Nicolas Edwige / Ana Teixeira : p. 49, 71, 79, 113, 171
Stylisme : Pauline Dubois : p. 7, 13, 21, 23, 25, 29, 33, 37, 39, 45, 47, 57, 61, 77, 85, 89, 91, 99, 105, 121, 127, 135, 137, 147, 149, 151, 153, 155, 183
Chloé Josso : p. 9, 41, 43, 51, 53, 63, 81, 83, 87, 97, 101, 103, 111, 123, 131, 159, 163, 165, 177, 179 / Sébastien Merdrignac : p. 49, 71, 79, 113, 171
Julie Soucail : p. 11, 15, 17, 19, 27, 31, 35, 55, 59, 65, 67, 69, 73, 75, 93, 95, 107, 109, 115, 117, 119, 125, 129, 133, 139, 141, 143, 145, 157, 161, 167, 169, 173, 175, 181, 185, 187, 189
Mise en pages : Les PAOistes

Les SmartPoints indiqués sont valables pour le programme WW Liberté.

5205151/02
ISBN : 978-2-501-14224-3
Dépôt légal : avril 2019
Achevé d'imprimer en Espagne par Macrolibros en juillet 2019